Mathematik
3

Schülerbuch

Erarbeitet von
Ümmü Demirel
Astrid Deseniss
Claudia Drews
Christina Hohenstein
Christian Grulich
Anne Schachner
Susanne Ullrich
Christine Winter

und
der Cornelsen Redaktion
Primarstufe

Cornelsen

Tausender, Hunderter, Zehner, Einer

> Hierüber solltet ihr gemeinsam sprechen.

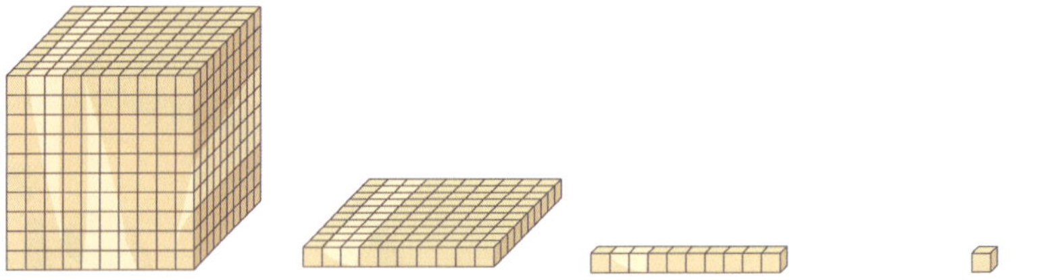

ein Tausender 1 T
ein Hunderter 1 H
ein Zehner 1 Z
ein Einer 1 E

> Hier findest du wichtige Wörter und Erklärungen.

die Stellenwerttafel
der Tausender
der Hunderter
der Zehner
der Einer

> Ich schreibe in die Stellenwerttafel 3 Hunderter, 2 Zehner und 4 Einer.

T	H	Z	E
	3	2	4

① Zeichne eine Stellenwerttafel. Trage in die Stellenwerttafel ein.

a) 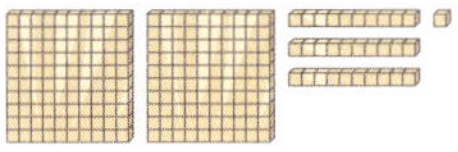   b) 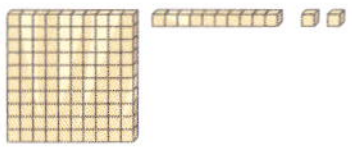   c) 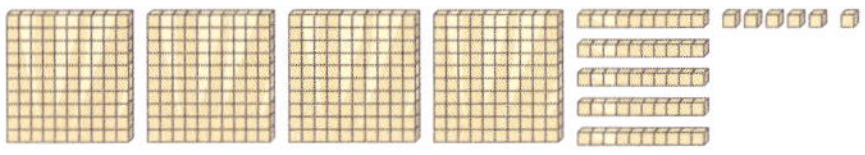   d)

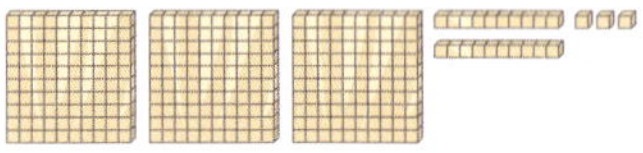

S. 18 Nr. 1

	T	H	Z	E
a)			2	3	1

② Zeichne die Hunderter, Zehner und Einer.

a) 1 H 2 Z 4 E
b) 2 E 4 H
c) 4 Z 7 H
d) 7 E 3 Z 5 H
e) 4 H 2 E 8 Z
f) 9 E 6 Z

S. 18 Nr. 2

18 **Didaktische Information**
Zahldarstellung, Vertiefung der Struktur des Zehnersystems, Stellenwertschreibweise. Sind keine Zehner oder Einer abgebildet, muss darauf geachtet werden, dass die Kinder eine 0 in der Stellenwerttafel eintragen

Sprechen
Handlung sprachlich begleiten: *Ich schreibe in die Stellenwerttafel. Wie viele Hunderter, Zehner und wie viele Einer sind es?* Das Verb *eintragen* wird in ① getrennt verwendet. *Es sind 3 Hunderter, 2 Zehner und 4 Einer.*

► AH 10
► D 9/10
► KV 9/10

Das bedeuten die Zeichen:

Piktogramme:  ins Heft schreiben

S. 10 Nr. 1
a) 3 2 + 4 1 =

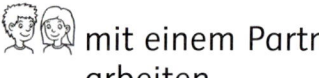 mit einem Partner arbeiten

① Anforderungsbereich „Reproduzieren"

① Anforderungsbereich „Zusammenhänge herstellen"

① Anforderungsbereich „Verallgemeinern und Reflektieren"

2

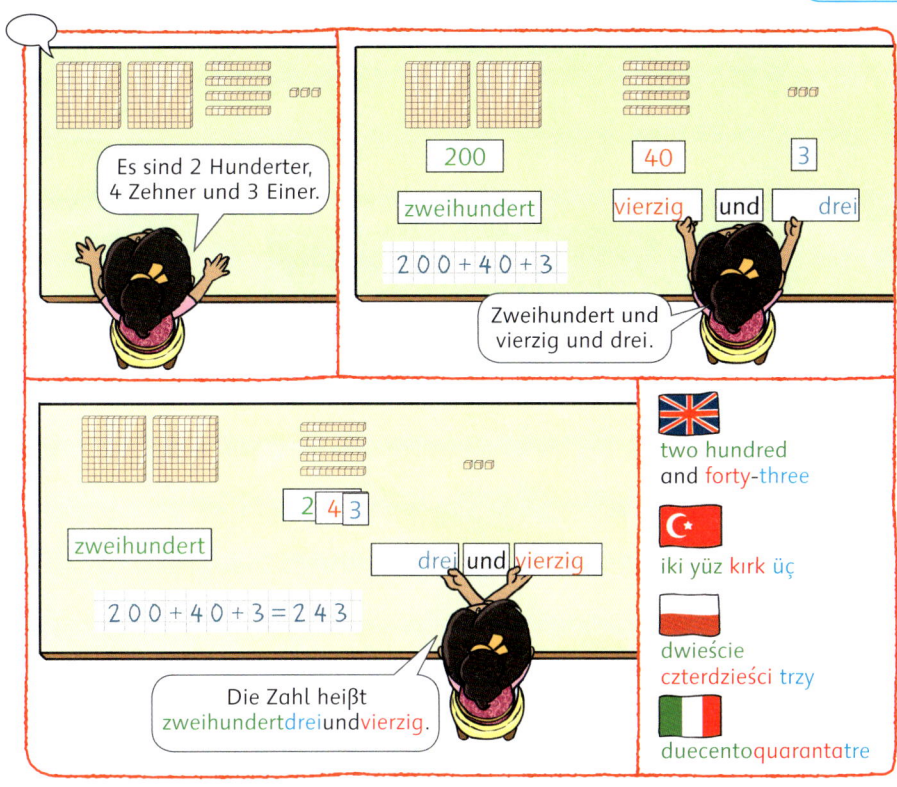

③ Lege mit Zahlenkarten und schreibe die Plusaufgabe.
Wie heißt die Zahl?

S.19 Nr.3
a) 3 0 0 + 3 0 + 1 = 3 3 1

④ Lege mit Zahlenkarten und schreibe die Plusaufgabe.

a) einhundertvierzehn   b) sechshundertneununddreißig

c) dreihundertzweiundzwanzig   d) neunhunderteinundsiebzig

e) fünfhundertsiebenundachtzig f) vierhundertfünfzig

Leo und Lina bringen Hilfsmittel und erinnern an Strategien.

Sprachförderung

Fachwortschatz

die Stellenwertafel
der Tausender
der Hunderter
der Zehner
der Einer

Erklärung/Grundwissen

Partnerkurs

Inhaltsverzeichnis

Wiederholung: Rechnen bis 100

Rechendetektive	6
Addieren bis 100	8
Subtrahieren bis 100	9
Entdeckerpäckchen	10
Aufgabenfamilien und Ergänzungsaufgaben	11
Multiplizieren bis 100	12
Dividieren bis 100	14

Die Zahlen bis 1000

Die Zahlen bis 1000	16
Tausender, Hunderter, Zehner, Einer	18
Hundertertafeln	20
Zahlenstrahl	22
Nachbarzehner und Nachbarhunderter	24
Das kann ich schon	26
Forscherseite	27

Formen

Rechter Winkel	28
Parallel zueinander	29
Vierecke	30
Flächen vergleichen	32
Das kann ich schon	34
Forscherseite	35

Längen 1

Meter und Zentimeter	36
Zentimeter und Millimeter	37
Meter, Zentimeter, Millimeter	38
Rechnen mit Längen	39
Das kann ich schon	40
Forscherseite	41

Rechnen bis 1000

Addition und Subtraktion bis 1000	42
Ergänzen bis 1000	43
Kleine und große Aufgaben	44
Einer, Zehner und Hunderter addieren	45
Rechenwege bei der Addition	46
Additionsaufgaben üben	47
Rechenwege bei der Subtraktion	48
Subtraktionsaufgaben üben	49
Das kann ich schon	50
Forscherseite	51

Daten, Häufigkeit, Wahrscheinlichkeit

Kombinatorik mit Baumdiagrammen	52
Wahrscheinlichkeit mit Würfeln	54
Preise zuordnen	56
Skizzen	58
Turnierplan	59
Das kann ich schon	60
Forscherseite	61

Schriftliches Addieren und Subtrahieren

Schriftliche Addition ohne Übertrag	62
Schriftliche Addition mit Übertrag	63
Schriftliche Addition üben	64
Schriftliche Subtraktion ohne Übertrag – abziehen	66
Schriftliche Subtraktion mit Übertrag – abziehen	67
Schriftliche Subtraktion ohne Übertrag – ergänzen	68
Schriftliche Subtraktion mit Übertrag – ergänzen	69
Schriftliche Subtraktion üben	70
Minustürme	72
Das kann ich schon	74
Forscherseite	75

Umgehen und Rechnen mit Geld 	
Münzen und Scheine	76
Euro und Cent	77
Überschlag	78
Rechnen mit Geld	80
Das kann ich schon	82
Forscherseite	83

Multiplikation und Division 2 	
Kleine und große Multiplikationsaufgaben	108
Kleine und große Divisionsaufgaben	109
Halbschriftlich Multiplizieren	110
Halbschriftlich Dividieren (1)	112
Halbschriftlich Dividieren (2)	113
Teilen durch 2	114
Multiplizieren mit Kommazahlen	115
Sachrechnen	116
Das kann ich schon	118
Forscherseite	119

Symmetrie 	
Symmetrische Figuren	84
Parkettierung (1)	86
Parkettierung (2)	88
Das kann ich schon	90
Forscherseite	91

Längen 2 	
Kilometer	120
Kilometer und Meter	121
Entfernungen	122
Das kann ich schon	124
Forscherseite	125

Multiplikation und Division 1 	
Mal-Plus-Häuser	92
Vielfache	94
Teiler	95
Einmaleinsreihen	96
Punktrechnung vor Strichrechnung	98
Das kann ich schon	100
Forscherseite	101

Körper 	
Geometrische Körper	126
Kantenmodelle bauen	127
Geometrische Körper untersuchen	128
Geometrische Körper zeichen	129
Verschiedene Ansichten	130
Das kann ich schon	132
Forscherseite	133

Zeit 	
Wie spät ist es?	102
Zeitspannen	103
Sekunden und Minuten	104
Kalender	105
Das kann ich schon	106
Forscherseite	107

Gewichte 	
Gewichte vergleichen	134
Wiegen mit der Balkenwaage	135
Schultaschentest	136
Wiegen mit verschiedenen Waagen	138
Im Zoo	139
Das kann ich schon	140
Forscherseite	141

Basiswissen 142

① Finde Fragen zu den Urlaubserlebnissen.
   a) Welche kannst du beantworten? Schreibe deine Lösung.
   b) Vergleiche deine Lösung mit einem Partner.

Addieren bis 100

die Addition
addieren
der Einer
der Zehner
der Nachbarzehner
der Zehnerübergang
zerlegen
ergänzen

1.
   a) Welche Aufgaben findest du leicht? Erkläre.
      Rechne die leichten Aufgaben.

   b) Welche Aufgaben findest du schwer? Erkläre.
      Schreibe deinen Rechenweg auf und rechne die schweren Aufgaben.

2. Zu jedem Rechenweg passt eine Beschreibung.
   Schreibe neben jeden Rechenweg die passende Beschreibung.

   | Einer plus Einer und Zehner plus Zehner. | Ich ergänze zum großen Nachbarzehner. Ich zerlege die zweite Zahl. |

   a) 47 + 29
      47 + 30 – 1 = ☐

   | Zuerst die Zehner dazu, dann die Einer dazu. | Nah am Zehner. |

   b) 47 + 29   c) 47 + 29   d) 47 + 29
      7 + 9 + 40 + 20 = ☐   (47 + 3) + 26 = ☐   47 + 20 + 9 = ☐

3. Überlege, mit welchem Rechenweg du rechnen willst.
   a) 57 + 8   b) 24 + 14   c) 36 + 25   d) 43 + 29

   Vergleiche mit einem Partner.

Didaktische Information
1 ist auch zum Ermitteln der Lernausgangslage nutzbar;
Rechenwege können auszugsweise präsentiert werden;
3 Auswahl eines günstigen Rechenweges

Sprechen
Begriffe *Addition* und *addieren* thematisieren;
Unterschied der Schreib- und Sprechweise bei *Addition* erklären

►AH 4/5
►D 3/4
►KV 3

Subtrahieren bis 100

① a) Welche Aufgaben findest du leicht? Erkläre.
Rechne die leichten Aufgaben.

b) Welche Aufgaben findest du schwer? Erkläre.
Schreibe deinen Rechenweg auf und rechne die schweren Aufgaben.

② Zu jedem Rechenweg passt eine Beschreibung.
Schreibe neben jeden Rechenweg die passende Beschreibung.

Zum kleinen Nachbarzehner zurück.
Ich zerlege die zweite Zahl.
Ich nehme vom Zehner weg.

Zuerst die Zehner weg,
dann die Einer weg.

a) 64 – 58
64 – 4 – 54 = ☐

Ergänzen.

Nah am Zehner.

b) 64 – 58
58 + ☐ = 64

c) 64 – 58
64 – 50 – 8 = ☐

d) 64 – 58
64 – 60 + 2 = ☐

③ Überlege, mit welchem Rechenweg du rechnen willst.

a) 62 – 7
b) 84 – 63
c) 76 – 29
d) 50 – 47

Vergleiche mit einem Partner.

▶ AH 4/5
▶ D 3/4
▶ KV 4

Sprechen
Begriffe *Subtraktion* und *subtrahieren* thematisieren;
Unterschied der Schreib- und Sprechweise bei *Subtraktion* erklären

Didaktische Information
1 ist auch zum Ermitteln der Lernausgangslage nutzbar;
Rechenwege können auszugsweise präsentiert werden;
3 Auswahl eines günstigen Rechenweges

Entdeckerpäckchen

① Beschreibe das Entdeckerpäckchen.

a) 32 + 41 = ☐
31 + 40 = ☐
30 + 39 = ☐
☐ + ☐ = ☐

S.10 Nr.1
a) 3 2 + 4 1 =   Wenn die 1. Zahl immer
   3 1 + 4 0 =   um 1 kleiner wird und
   3 0 + 3 9 =

b) 32 + 41 = ☐
31 + 39 = ☐
30 + 37 = ☐
☐ + ☐ = ☐

c) 60 − 45 = ☐
65 − 45 = ☐
70 − 45 = ☐
☐ − ☐ = ☐

d) 60 − 45 = ☐
65 − 50 = ☐
70 − 55 = ☐
☐ − ☐ = ☐

② Lies die Beschreibung.
Schreibe ein passendes Entdeckerpäckchen.

a) Wenn die 1. Zahl immer gleich bleibt
und die 2. Zahl immer um 3 größer wird,
dann wird das Ergebnis immer _____ .

☐○☐ = ☐
☐○☐ = ☐
☐○☐ = ☐
☐○☐ = ☐

b) Wenn die 1. Zahl immer um 3 kleiner wird
und die 2. Zahl immer um 1 größer wird,
dann wird das Ergebnis immer _____ .

☐○☐ = ☐
☐○☐ = ☐
☐○☐ = ☐
☐○☐ = ☐

c) Vergleiche deine Entdeckerpäckchen mit einem Partner.

Aufgabenfamilien und Ergänzungsaufgaben

1 Finde alle Aufgaben.

a)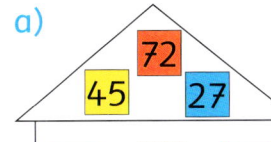
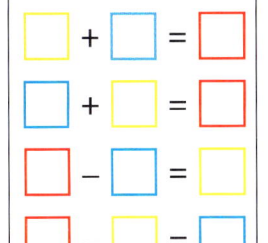

b)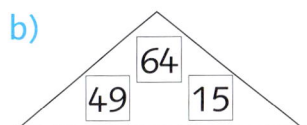

c)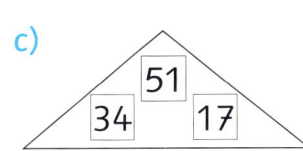

d)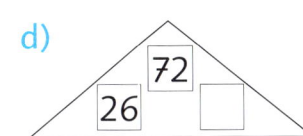

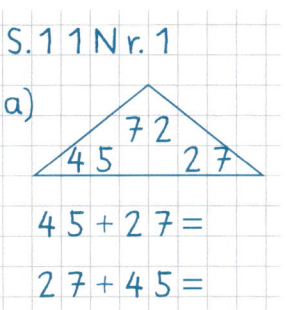

die Tauschaufgabe
die Umkehraufgabe
die Aufgabenfamilie
die Ergänzungsaufgabe

2 Ergänze zum Hunderter.

a) 57 + ☐ = 100   b) 78 + ☐ = 100   c) 56 + ☐ = 100

d) 49 + ☐ = 100   e) 25 + ☐ = 100   f) 62 + ☐ = 100

g) 83 + ☐ = 100   h) 71 + ☐ = 100   i) 64 + ☐ = 100

j) 92 + ☐ = 100   k) 30 + ☐ = 100   l) 6 + ☐ = 100

3 Ergänze.

a) 40 + ☐ = 62   b) 70 + ☐ = 83   c) 52 + ☐ = 70

d) 63 + ☐ = 90   e) 34 + ☐ = 42   f) 56 + ☐ = 71

g) 31 + ☐ = 39   h) 81 + ☐ = 99   i) 67 + ☐ = 74

j) 26 + ☐ = 41   k) 37 + ☐ = 43   l) 58 + ☐ = 71

4 Ergänze.

a) 60 = 23 + ☐   b) 74 = 60 + ☐   c) 30 = 21 + ☐

d) 83 = 50 + ☐   e) 65 = 52 + ☐   f) 87 = 73 + ☐

g) 51 = 48 + ☐   h) 49 = 39 + ☐   i) 27 = 15 + ☐

j) 98 = 7 + ☐   k) 19 = 11 + ☐   l) 63 = 42 + ☐

Sprechen
2–4 Ich ergänze von (der) ... bis zu(r) ... insgesamt ...

Didaktische Information
2–4 schrittweises Ergänzen ggf. zuvor an Beispielen wiederholen

Multiplizieren bis 100

die Multiplikation
multiplizieren
die Einmaleinstafel
die Merkaufgabe
die Nachbaraufgabe
die Verdoppelungs-
aufgabe
die Quadratzahl
die Quadrataufgabe

·	1	2	3	4	5	6	7	8	9	10
1	1·1	1·2	1·3	1·4	1·5	1·6	1·7	1·8	1·9	1·10
2	2·1	2·2	2·3	2·4	2·5	2·6	2·7	2·8	2·9	2·10
3	3·1	3·2	3·3	3·4	3·5	3·6	3·7	3·8	3·9	3·10
4	4·1	4·2	4·3	4·4	4·5	4·6	4·7	4·8	4·9	4·10
5	5·1	5·2	5·3	5·4	5·5	5·6	5·7	5·8	5·9	5·10
6	6·1	6·2	6·3	6·4	6·5	6·6	6·7	6·8	6·9	6·10
7	7·1	7·2	7·3	7·4	7·5	7·6	7·7	7·8	7·9	7·10
8	8·1	8·2	8·3	8·4	8·5	8·6	8·7	8·8	8·9	8·10
9	9·1	9·2	9·3	9·4	9·5	9·6	9·7	9·8	9·9	9·10
10	10·1	10·2	10·3	10·4	10·5	10·6	10·7	10·8	10·9	10·10

„Multiplizieren ist ein anderes Wort für malnehmen."

① Was entdeckst du an der Einmaleinstafel? Beschreibe.

Quadrataufgaben   Merkaufgaben   Nachbaraufgaben   Verdoppelungsaufgaben

② Schreibe die Merkaufgaben aus der Einmaleinsreihe auf.

a) Dreier-Reihe   b) Vierer-Reihe

c) Sechser-Reihe   d) Siebener-Reihe

e) Achter-Reihe   f) Neuner-Reihe

S. 12 Nr. 2
a) 1 · 3 =
   2 · 3 =

③ Finde zu der Quadratzahl die Quadrataufgabe.

a) 16   b) 64   c) 100   d) 9   e) 25

f) 1   g) 36   h) 4   i) 49   j) 81

S. 12 Nr. 3
a) 16 = 4 · 4

④ Finde die 3 falschen Ergebnisse. Rechne die 3 Aufgaben richtig.

a) 3 · 3 = 6   b) 5 · 4 = 20   c) 2 · 8 = 16

d) 10 · 4 = 40   e) 9 · 5 = 54   f) 0 · 7 = 7

Didaktische Information
1 kann auch in Gruppenarbeit schriftlich erarbeitet und präsentiert werden

Sprechen
Begriffe *Multiplikation* und *multiplizieren* thematisieren; Unterschied der Schreib- und Sprechweise bei *Multiplikation* erklären

▶ AH 6

⑤ Wie rechnen die Kinder?
Welchen Rechenweg kannst du gut erklären?

 ⑥ Rechne mit den Merkaufgaben.

a) 3 · 7   b) 7 · 4   c) 4 · 8   d) 9 · 7   e) 6 · 8

f) 4 · 3   g) 3 · 6   h) 6 · 7   i) 7 · 9   j) 8 · 7

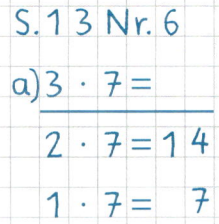

⑦ Schreibe die Aufgabe und finde die Tauschaufgabe.   **die Tauschaufgabe**

a) 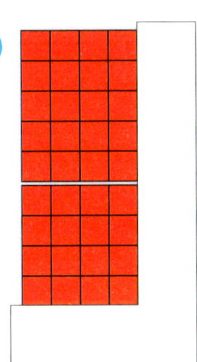   b) 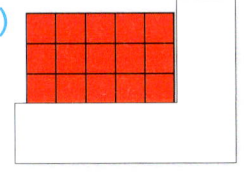   c) 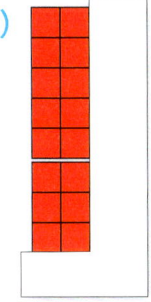   d)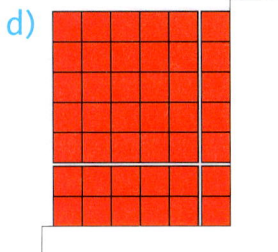

⑧ Finde zu dem Ergebnis alle Multiplikationsaufgaben.

a) 8   b) 12   c) 18   d) 30   e) 32

Dividieren bis 100

Dividieren ist ein anderes Wort für teilen.

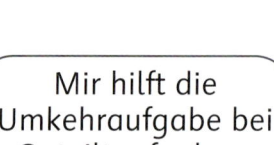
Mir hilft die Umkehraufgabe bei Geteiltaufgaben.

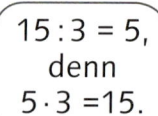
15 : 3 = 5, denn 5 · 3 = 15.

15 : 3 = **5**

5 · 3 = 15

die Division
dividieren
teilen
geteilt durch
die Umkehraufgabe
das Ergebnis

① Finde die Umkehraufgabe und rechne.

a) 21 : 3 = ☐
☐ · 3 = 21

b) 28 : 4 = ☐
☐ · 4 = 28

c) 49 : 7 = ☐
☐ · 7 = 49

S. 1 4 Nr. 1
a) 2 1 : 3 =
☐ · 3 = 2 1

d) 18 : 2 = ☐
☐ · 2 = 18

e) 40 : 8 = ☐
☐ · 8 = 40

f) 56 : 7 = ☐
☐ · 7 = 56

g) 54 : 9 = ☐
☐ · 9 = 54

h) 54 : 6 = ☐
☐ · 6 = 54

i) 35 : 5 = ☐
☐ · 5 = 35

j) 64 : 8 = ☐
☐ · 8 = 64

k) 36 : 4 = ☐
☐ · 4 = 36

②

a)  Ich denke mir eine Zahl. Ich teile die Zahl durch 5. Das Ergebnis ist 8.

b)  Ich denke mir eine Zahl. Ich teile sie durch 8. Das Ergebnis ist 3.

c)  Ich denke mir eine Zahl. Ich teile sie durch 6. Das Ergebnis ist 8.

Didaktische Information
D 2 Aufgaben können mündlich fortgesetzt werden, wobei *teile* durch *dividiere* ersetzt werden kann

Sprechen
Begriffe *Division* und *dividieren* thematisieren

▶ AH 7

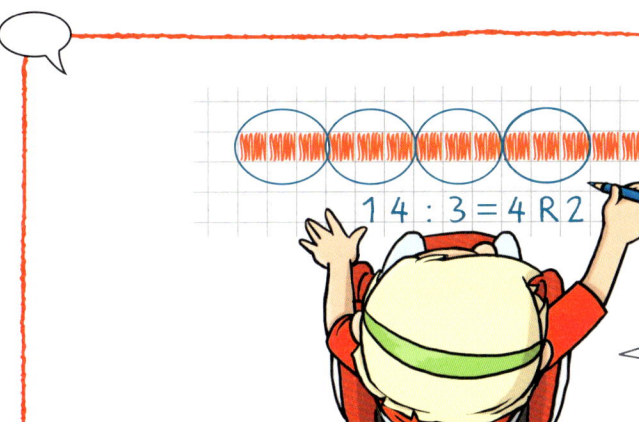

14 : 3 = 4 R 2

14 : 3 = 4 Rest 2,
denn
4 · 3 = 12 und
12 + 2 = 14.

die Aufgabenfamilie
die Division
die Divisionsaufgabe
die Multiplikation
die Tauschaufgabe
die Umkehraufgabe
der Rest

③ Rechne die Divisionsaufgabe und die Umkehraufgabe.

a) 20 : 3   b) 10 : 4   c) 20 : 6   d) 18 : 7
   25 : 3   15 : 4   49 : 6   69 : 7
   17 : 3   35 : 4   37 : 6   52 : 7
   26 : 3   31 : 4   55 : 6   22 : 7

S. 15 Nr. 3

a) 20 : 3 = 6 Rest 2,
   denn 6 · 3 = 18
   und 18 + 2 = 20.

④ Finde zu der Zahl eine Divisionsaufgabe mit Rest.
Der Rest soll möglichst klein sein.

a) 51   b) 7   c) 39   d) 61

e) 33   f) 44   g) 55   h) 66

S. 15 Nr. 4

a) 5 1 :   =   Rest

 i) Vergleiche mit einem Partner.

⑤ Finde alle Aufgaben.

a)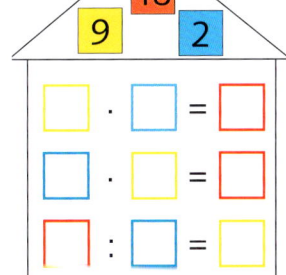

b)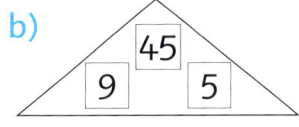

c)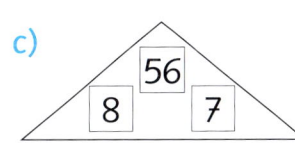

d)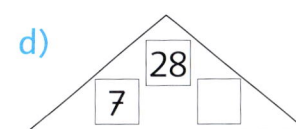

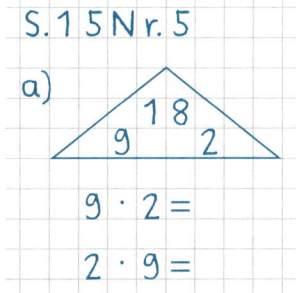

S. 15 Nr. 5

a)
18
9   2

9 · 2 =
2 · 9 =

▶AH 7
▶KV 6

Didaktische Information
D Im Unterrichtsgespräch klären, wie groß der Rest höchstens sein kann

15

Die Zahlen bis 1000

> Wie viele sind es?
> Ich schätze 450.
> Ich lege immer 10 in eine Reihe.
> Es sind 3 Hunderter. Das sind 300.

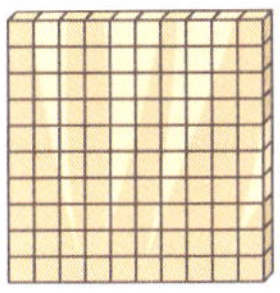

100 | einhundert
200 | zweihundert 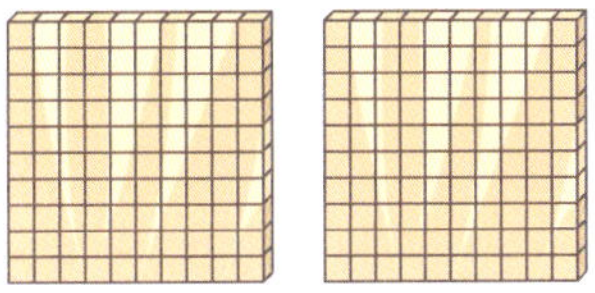
300 | dreihundert 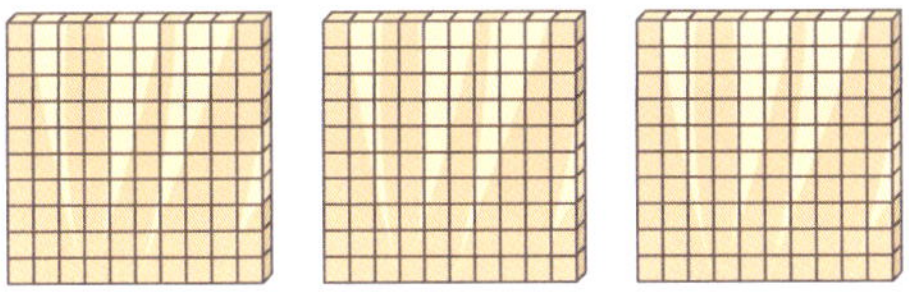
400 | vierhundert
500 | fünfhundert
600 | sechshundert
700 | siebenhundert
800 | achthundert
900 | neunhundert
1000 | tausend

einhundert
zweihundert
dreihundert
vierhundert
fünfhundert
sechshundert
siebenhundert
achthundert
neunhundert
tausend

① Wie heißt die Zahl?
a) 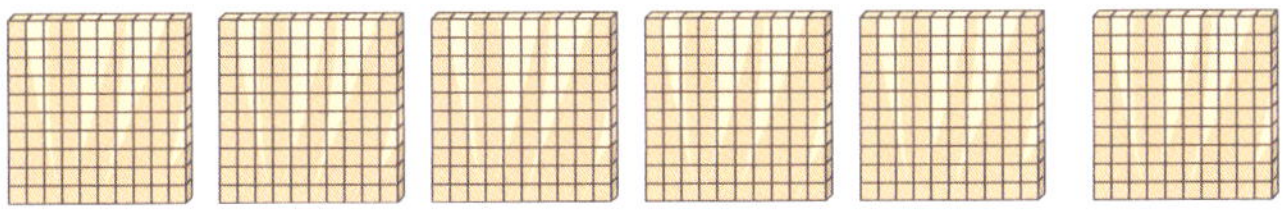
b) 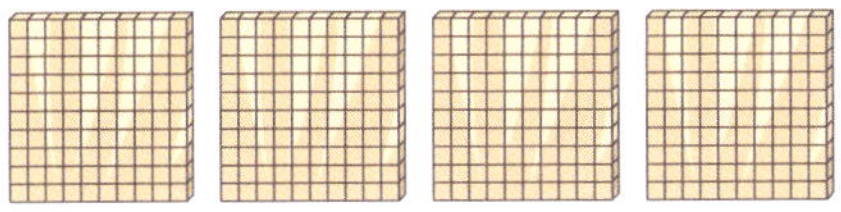   c)

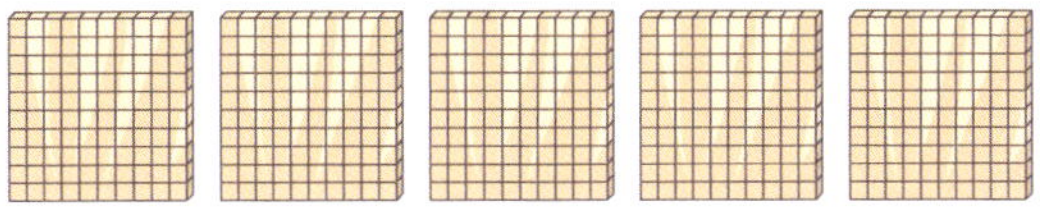

S.17 Nr.1
a) 6 0 0   sechshundert

② Lege und zeichne die Hunderter.
a) dreihundert   b) achthundert
c) vierhundert   d) fünfhundert

S.17 Nr.2
a) ☐ ☐ ☐

▶ AH 8/9
▶ D 7/8
▶ KV 7/8

Sprechen
Bündelungen sprachlich unterstützen: *Ich lege immer zehn in eine Reihe. Es sind 3 Hunderter. Das sind dreihundert. tausend* oder *eintausend,* beide Sprechweisen sind zulässig

Didaktische Information
Zahldarstellung, Anzahl schätzen und bündeln, verschiedene Legeweisen sind zulässig; Zahlvorstellung gewinnen
Hunderterzahlen lesen, darstellen und schreiben

17

Tausender, Hunderter, Zehner, Einer

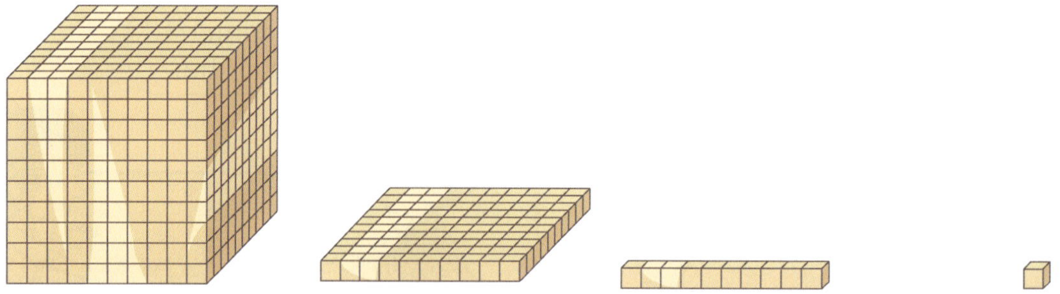

ein Tausender
1 T

ein Hunderter
1 H

ein Zehner
1 Z

ein Einer
1 E

die Stellenwerttafel
der Tausender
der Hunderter
der Zehner
der Einer

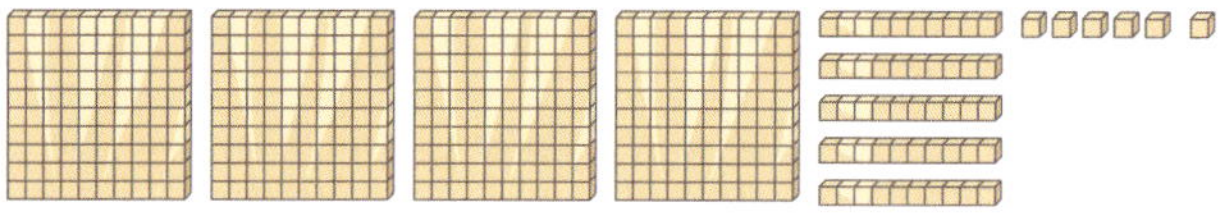

Ich schreibe in die Stellenwerttafel 3 Hunderter, 2 Zehner und 4 Einer.

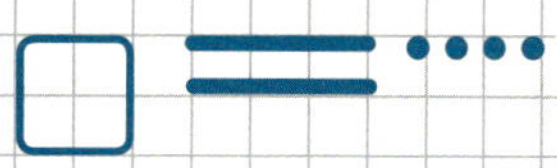

T	H	Z	E
	3	2	4

① Zeichne eine Stellenwerttafel. Trage in die Stellenwerttafel ein.

a) 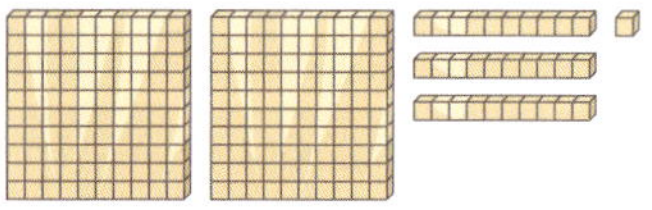 b) 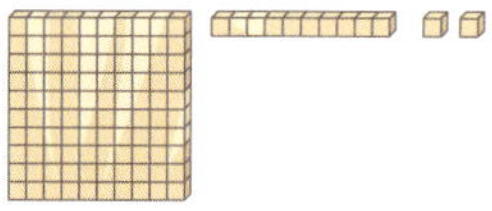 c) d)

S. 18 Nr. 1

	T	H	Z	E
a)			2	3	1

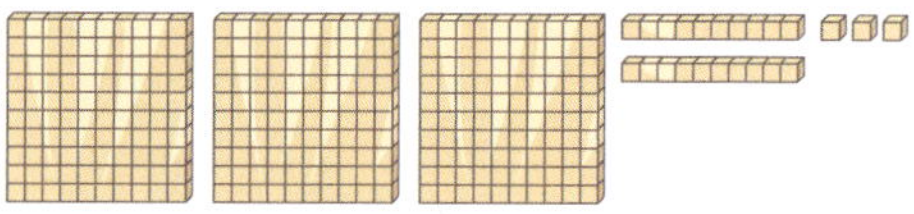

② Zeichne die Hunderter, Zehner und Einer.

a) 1 H 2 Z 4 E
b) 2 E 4 H
c) 4 Z 7 H
d) 7 E 3 Z 5 H
e) 4 H 2 E 8 Z
f) 9 E 6 Z

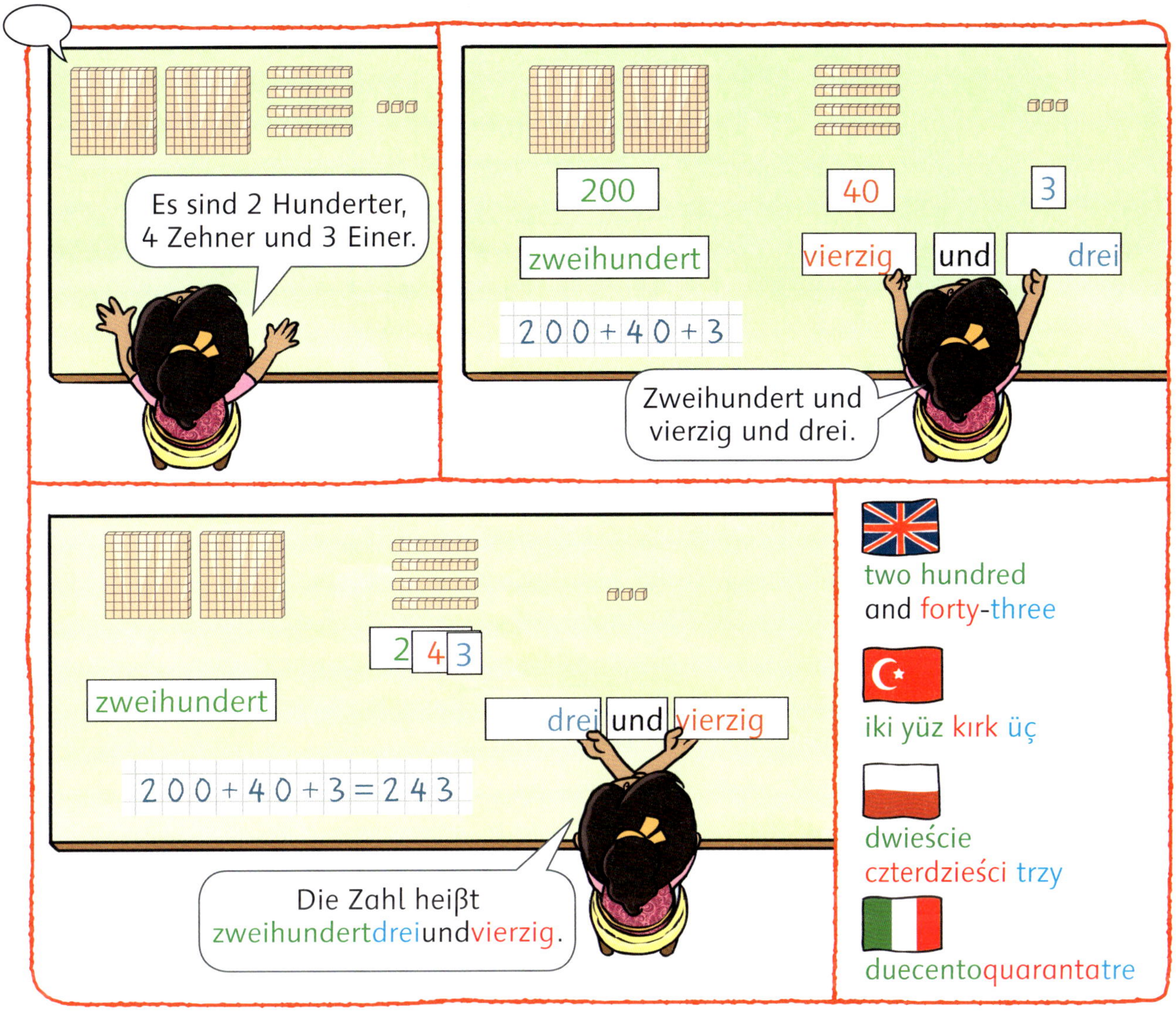

Es sind 2 Hunderter, 4 Zehner und 3 Einer.

200   40   3
zweihundert   vierzig   und   drei

200 + 40 + 3

Zweihundert und vierzig und drei.

2 4 3
zweihundert   drei und vierzig
200 + 40 + 3 = 243

Die Zahl heißt zweihundertdreiundvierzig.

two hundred and forty-three

iki yüz kırk üç

dwieście czterdzieści trzy

duecentoquarantatre

③ Lege mit Zahlenkarten und schreibe die Plusaufgabe.
Wie heißt die Zahl?

a)

S. 19 Nr. 3
a) 300 + 30 + 1 = 331

b)

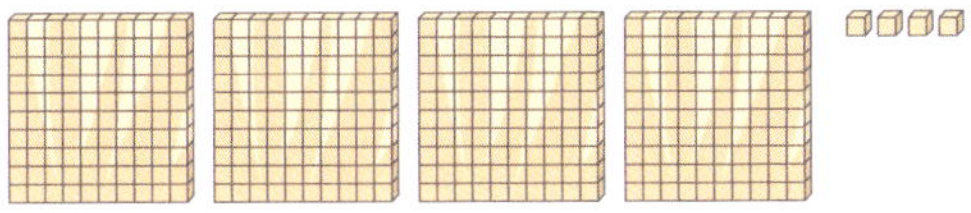

c)

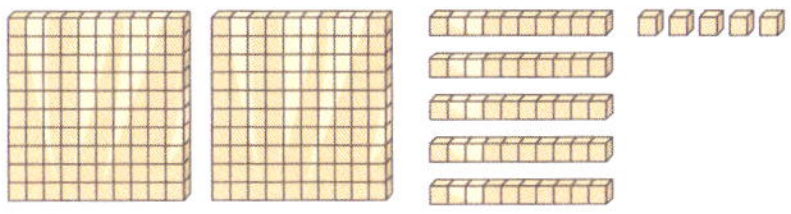

④ Lege mit Zahlenkarten und schreibe die Plusaufgabe.

a) einhundertvierzehn
b) sechshundertneunundddreißig
c) dreihundertzweiundzwanzig
d) neunhunderteinundsiebzig
e) fünfhundertsiebenundachtzig
f) vierhundertfünfzig

▶ AH 11
▶ D 11/12
▶ KV 11

Sprechen
Sprechweise handelnd unterstützen, Wortkarten und Zahlkarten nutzen. *Es sind zweihundert und vierzig und drei. Die Zahl heißt zweihundertdreiundvierzig.*
Sprachvergleich: Zahlen in verschiedenen Sprachen

Didaktische Information
Sprechen, Lesen und Darstellen der Zahlen bis 1000;
D 4 Material anbieten und legen lassen; Medienrecherche zu Zahlwörtern in weiteren Sprachen (Lerntagebuch/Plakat)

19

Hundertertafeln

1.

1	2	3	4	5	6	7	8	9	10
11	12	13	14	15	16	17	18	19	20
21	22	23	24	25	26	27	28	29	30
31	32	33	34	35	36	37	38	39	40
41	42	43	44	45	46	47	48	49	50
51	52	53	54	55	56	57	58	59	60
61	62	63	64	65	66	67	68	69	70
71	72	73	74	75	76	77	78	79	80
81	82	83	84	85	86	87	88	89	90
91	92	93	94	95	96	97	98	99	100

die Spalte
die Zeile
der Hunderter
der Zehner
der Einer
die Hundertertafel

2.

101	102	103	104	105	106	107	108	109	110
111	112	113	114	115	116	117	118	119	120
121	122	123	124	125	126	127	128	129	130
131	132	133	134	135	136	137	138	139	140
141	142	143	144	145	146	147	148	149	150
151	152	153	154	155	156	157	158	159	160
161	162	163	164	165	166	167	168	169	170
171	172	173	174	175	176	177	178	179	180
181	182	183	184	185	186	187	188	189	190
191	192	193	194	195	196	197	198	199	200

3.

201	202	203	204	205	206	207	208	209	210
211	212	213	214	215	216	217	218	219	220
221	222	223	224	225	226	227	228	229	230
231	232	233	234	235	236	237	238	239	240
241	242	243	244	245	246	247	248	249	250
291									300

4.

301	302	303	304	305	306	307	308	309	310
311									320
321									330
331									340
341									350
351									360
361									370
371									380
381									390
391	392	393	394	395	396	397	398	399	400

5.

				405	406				
				415	416				
				425	426				
				435	436				
441	442	443	444	445	446	447	448	449	450
451	452	453	454	455	456	457	458	459	460
				465	466				
				475	476				
				485	486				
				495	496				

Es sind ___ Hundertertafeln.

Auf der 7. Hundertertafel sind die Zahlen von ___ bis ___ .

Die Zahl 555 ist auf der ___ Hundertertafel in der ___ Spalte.

die Einer

die Zehner

der Hunderter

werden um ___ kleiner.

bleiben gleich.

werden um ___ größer.

übereinander

nebeneinander

untereinander

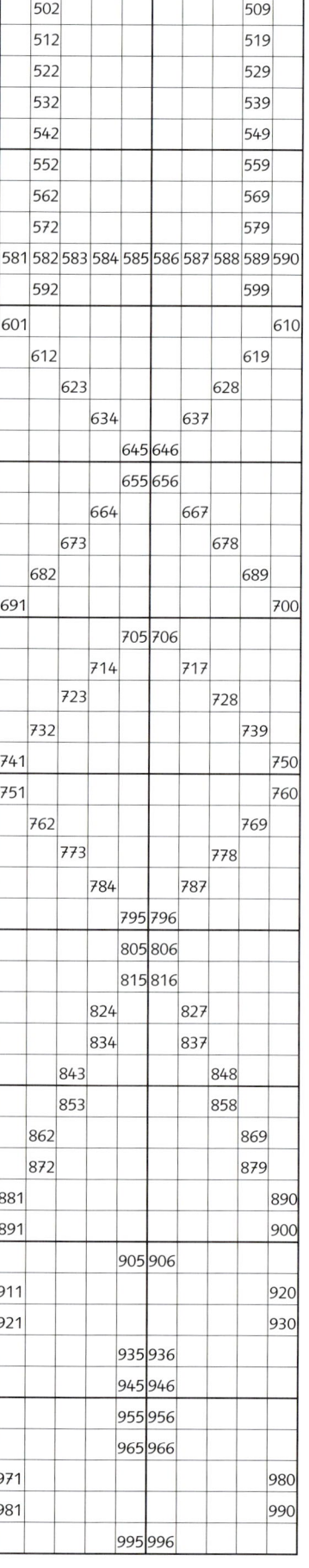

Didaktische Information
Muster auf einzelnen Hundertertafeln beschreiben, Zahlen ergänzen; Orientierung auf den Hundertertafeln gewinnen

Sprechen
der Einer, der Zehner, der Hunderter
Die Zahl ... ist auf der ... Hundertertafel in der ... Zeile /Spalte.

▶ AH 12/13
▶ D 13/14
▶ KV 12/13

① a) Welche Zahlen haben 0 Zehner?
  b) Welche Zahlen stehen in der 10. Spalte?
  c) Welche Zahlen haben gleich viele Hunderter und Zehner?
  d) Welche Zahlen gefallen dir?

② Wo ist die Zahl?
 Zeige und beschreibe.
  a) 357   b) 712
  c) 820   d) 439
  e) 990   f) 601

Die 357 ist auf der 4. Hundertertafel in der 6. Zeile und in der 7. Spalte.

③ a) Suche die Zahlen 560, 561, 562, 563.
  b) Schreibe die richtigen Sätze zu den Zahlen.

Die Zahlen haben 5 Hunderter.

Die Zahlen stehen auf der 5. Hundertertafel.

Die Zahlen stehen in der 7. Zeile einer Hundertertafel.

Die Zahlen stehen in der 7. Spalte einer Hundertertafel.

④ a) Suche die Zahlen 123 und 321. Wie viele Zahlen liegen dazwischen?
  b) Suche die Zahlen 345 und 543. Wie viele Zahlen liegen dazwischen?
  c) Suche die Zahlen 678 und 876. Wie viele Zahlen liegen dazwischen?
  d) Was stellst du fest?
     Finde weitere Zahlen, die dazu passen.

⑤ a) Finde Zahlen, die gleich viele Hunderter, Zehner und Einer haben.
  b) Finde 10 Zahlen, die weniger Hunderter als Zehner und weniger Zehner als Einer haben.
  c) Finde Zahlen, die doppelt so viele Hunderter wie Zehner und Einer haben.
   d) Denke dir 3 Fragen zu den Hundertertafeln aus.

▶ AH 12/13
▶ D 13/14
▶ KV 13

Sprechen
Zahlbeziehungen verbalisieren; Unterschiede und Gemeinsamkeiten durch die Struktur der Hundertertafeln erkennen und verbalisieren; die Begriffe *Hunderter*, *Zehner* und *Einer* festigen

Didaktische Information
Zahlbeziehungen anhand der Hundertertafeln erkennen und vertiefen; Zahlvorstellungen vertiefen und festigen; Strukturen erkennen und nutzen; Lernvoraussetzung für 2 Ordnungszahlen

Zahlenstrahl

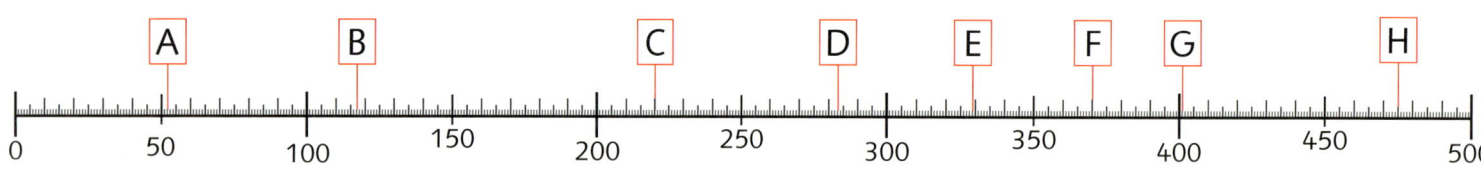

① Wie heißt die Zahl?

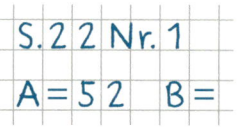

② Zähle in Zehnerschritten vorwärts.

a) 260, 270, …, 350   b) 590, …, 680   c) 480, …, 570

d) 245, …, 335   e) 671, …, 761   f) 796, …, 886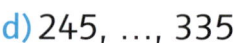

der Zahlenstrahl

③ Zähle in Hunderterschritten vorwärts. Schreibe 5 Zahlen auf.

a) 100   b) 150   c) 220   d) 365

e) 111   f) 456   g) 289   h) 427

④ Zähle in Fünferschritten rückwärts. Schreibe 5 Zahlen auf.

a) 50   b) 100   c) 500   d) 350

e) 318   f) 789   g) 222   h) 847

⑤ Wie geht es weiter? Schreibe 5 Zahlen auf.

a) 100, 200   b) 50, 100, 150   c) 10, 110, 210

d) 40, 80, 120   e) 1000, 950, 900   f) 7, 14, 21

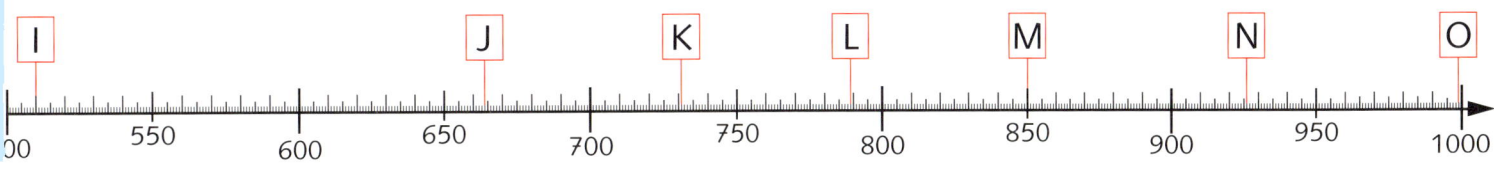

6 Zähle in Hunderterschritten.

a) 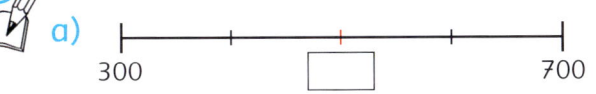 300 — 700
b) 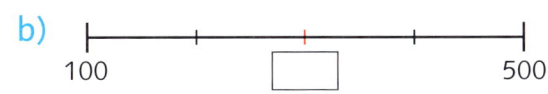 100 — 500
c) 200 — 600
d) 600 — 1000
e) 400 — 800
f) 500 — 900

7 Finde die Mitte.

a) 0 — 100
b) 400 — 600
c) 600 — 700
d) 200 — 800
e) 300 — 700
f) 0 — 50

8 Überprüfe, in welchen Schritten du zählen musst.

a) 0 — 400
b) 100 — 200
c) 650 — 850
d) 60 — 120
e) 550 — 555
f) 750 — 850
g) 450 — 590
h) 160 — 295

▶ AH 15
▶ D 15–18
▶ KV 14–16

Sprechen
Schritte = Skalierung auf dem Zahlenstrahl

Didaktische Information
Orientierung auf dem Zahlenstrahl; vertiefende Übungen zur Zahlbestimmung auf verschiedenen Zahlenstrahlabschnitten; vertiefende Übungen zum Zählen in verschiedenen Schritten

Nachbarzehner und Nachbarhunderter

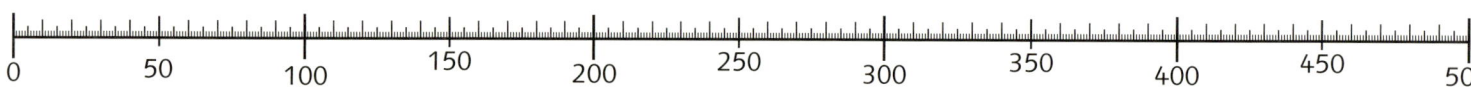

① Zeige die Zahl am Zahlenstrahl.
Wie heißt der Vorgänger?
Wie heißt der Nachfolger?

a) 650   b) 720   c) 990   d) 612   e) 872   f) 1000   g) 48   h) 188

② Springe vor zum großen Nachbarzehner.

a)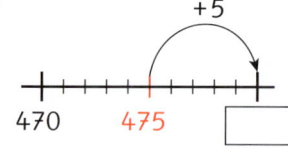

b)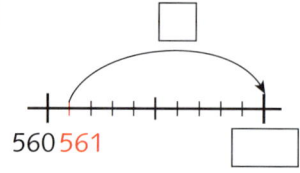

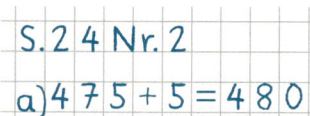
S.24 Nr.2
a) 475 + 5 = 480

c) 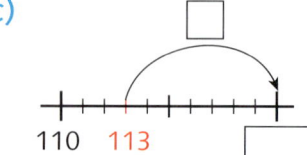   d) 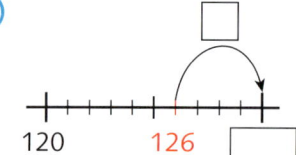   e)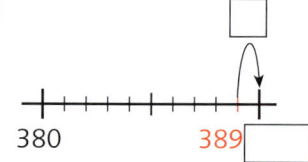

③ Springe zurück zum kleinen Nachbarzehner.

a)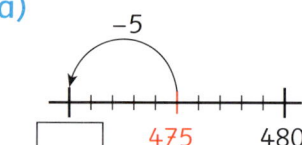

b)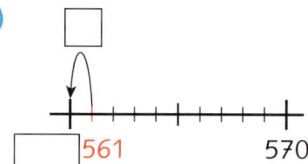

 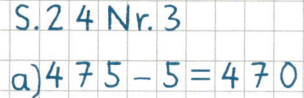
S.24 Nr.3
a) 475 − 5 = 470

c)    d) 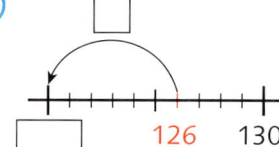   e)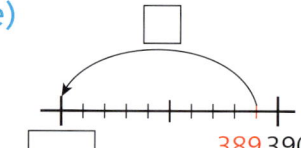

Der kleine Nachbarzehner ist 340 und der große Nachbarzehner ist 350.

Didaktische Information
Nachbarzehner zu einer vorgegebenen Zahl bestimmen, auch in der Klasse am Zahlenstrahl üben; Übungen am Zahlenstrahl in Partner- und Gruppenarbeit anbieten

Sprechen
649 ist der Vorgänger von 650. 651 ist Nachfolger von 650. 1 in Partnerarbeit als sprachliche Übung; Nachbarzehner einer Zahl im Partnerkurs festigen;
D Vorgänger und Nachfolger benennen

▶ AH 16/17
▶ KV 17

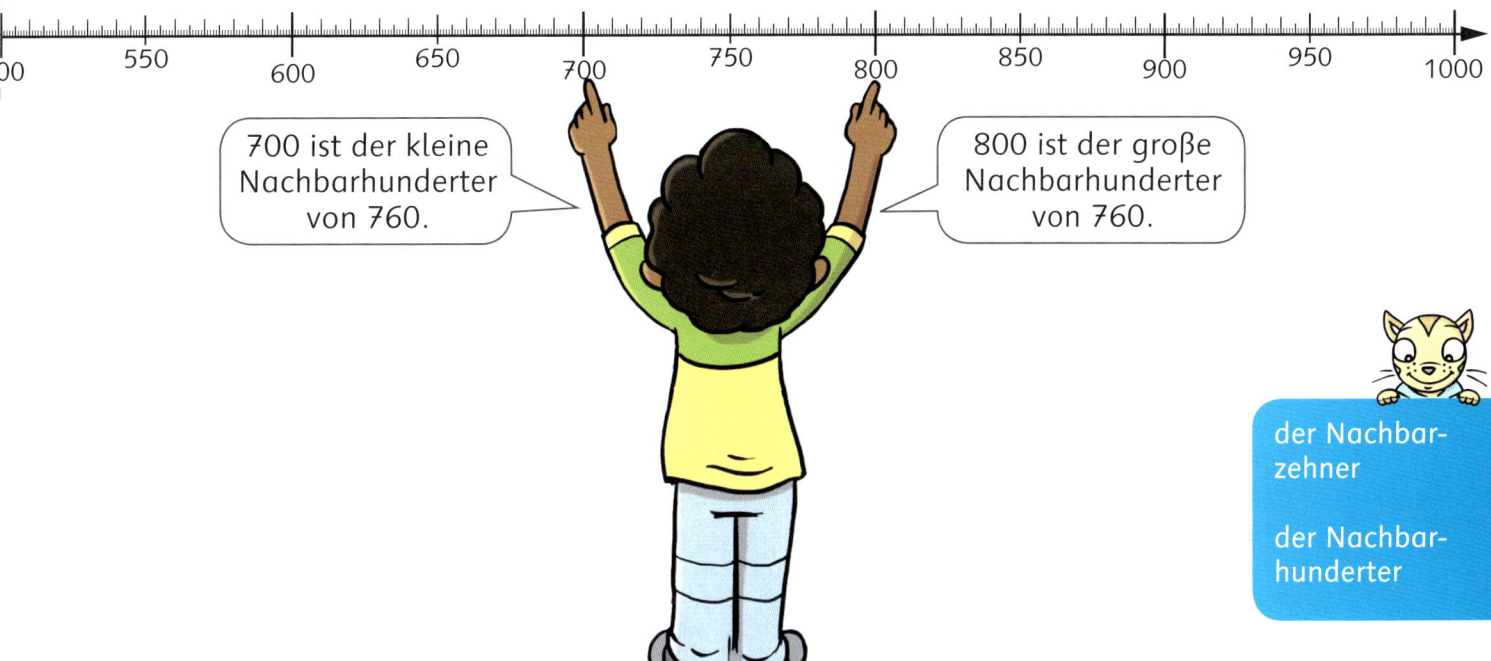

700 ist der kleine Nachbarhunderter von 760.

800 ist der große Nachbarhunderter von 760.

der Nachbarzehner

der Nachbarhunderter

④ Springe vor zum großen Nachbarhunderter.

a)
b)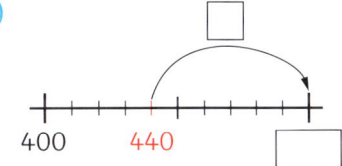

S. 25 Nr. 4
a) 680 + 20 = 700

c)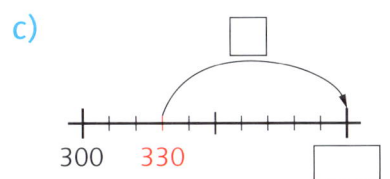
d)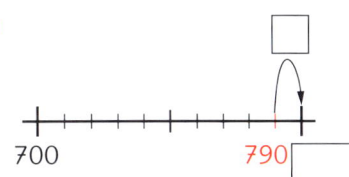
e)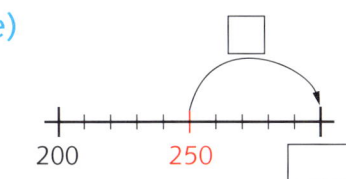

⑤ Springe zurück zum kleinen Nachbarhunderter.

a)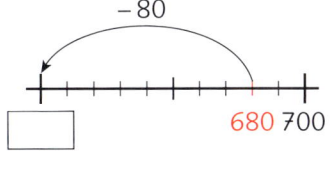
b)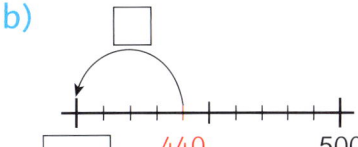

S. 25 Nr. 5
a) 680 − 80 = 600

c)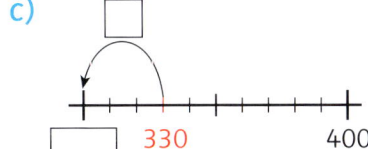
d)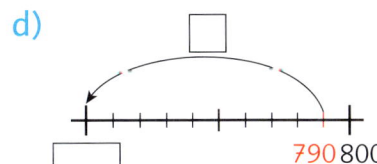
e)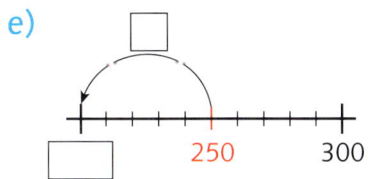

▶ AH 17
▶ KV 18

Sprechen
600 ist der kleine Nachbarhunderter von 680.
700 ist der große Nachbarzehner von 680.

Didaktische Information
Nachbarhunderter zu einer vorgegebenen Zahl bestimmen, auch in der Klasse am Zahlenstrahl üben; Übungen am Zahlenstrahl in Partner- und Gruppenarbeit anbieten; Erinnern an die Partnerzahlen bis zur 10

Das kann ich schon

① Ich kann die Zahlen 542, 374, 801, 943

S. 18/19

a) legen,
b) als Zahlenbild zeichnen,
c) in eine Stellenwerttafel schreiben,
d) als Plusaufgabe schreiben,
e) als Zahlwort schreiben.

② Ich kann Zahlen am Zahlenstrahl ablesen.

S. 22/23

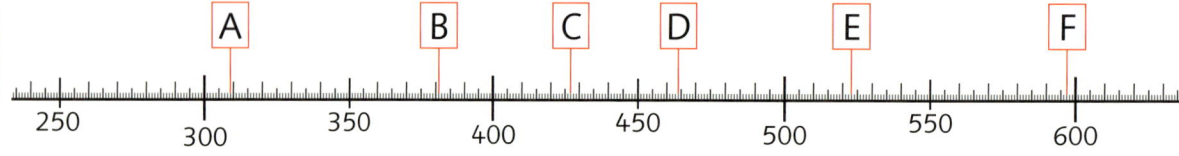

③ Ich kann in Schritten vorwärts oder rückwärts zählen.

S. 22/23

a) 100, 200, …, 500
b) 50, 100, …, 450
c) 260, 250, …, 210
d) 520, 420, …, 120

④ Ich kann zu einer Zahl den Vorgänger und den Nachfolger finden.

S. 24

a) 552   b) 751   c) 999   d) 670   e) 888

⑤ Ich kann zu einer Zahl den kleinen und den großen Nachbarzehner finden.

S. 24

a) 552   b) 751   c) 999   d) 670   e) 888

⑥ Ich kann zu einer Zahl den kleinen und den großen Nachbarhunderter finden.

S. 25

a) 552   b) 751   c) 999   d) 670   e) 888

Didaktische Information
Aufgaben zur Selbstüberprüfung und Selbsteinschätzung

Forscherseite

① a) Suche dir eine Hundertertafel aus. Vermute, wie oft es die Ziffer 5 auf deiner Hundertertafel gibt.

b) Überprüfe deine Vermutung.

 c) Vergleiche mit einem Partner.

d) Überlegt, auf welcher Hundertertafel es die Ziffer 5 am häufigsten gibt.

e) Probiert es mit weiteren Ziffern.

Die Zahl 256 besteht aus den Ziffern 2, 5 und 6.

② a) Finde alle Zahlen mit gleichen Ziffern. `777`

b) Finde Zahlen über 100, bei denen die Hunderter, Zehner und Einer immer um 1 größer werden. `456`

c) Finde alle Zahlen, die vorwärts und rückwärts gelesen die gleiche Zahl ergeben. `121`

③ Vier Hundertertafeln liegen übereinander. Welche Zahlen sind durchstochen?

a) *[Hundertertafel 101–500, Lupe auf 403]*

b) *[Hundertertafel 401–800, Lupe auf 498]*

c) *[Hundertertafel 301–700, Lupe auf 631]*

d) *[Hundertertafel 601–1000, Lupe auf 923]*

Didaktische Information
Anregungen zum Ausprobieren, Knobeln, Forschen und Entdecken mit Anforderungen, die über die der vorherigen Seiten hinausgehen. Ggf. Hundertertafeln zur Überprüfung der eigenen Lösung bereitstellen

Rechter Winkel

Ich reiße von einem Blatt ein Stück ab und falte es einmal.

Dann falte ich es noch einmal Kante auf Kante.

Das ist ein rechter Winkel und so zeichnest du ihn ein.

Jetzt habe ich einen Faltwinkel.

die Faltlinie
der rechte Winkel

① Finde rechte Winkel im Klassenraum.
Überprüfe mit deinem Faltwinkel.

② Spanne die Figur auf dem Geobrett.
Zeichne die Figur. Zeichne die rechten Winkel ein.

a) b) c) d) e) f)

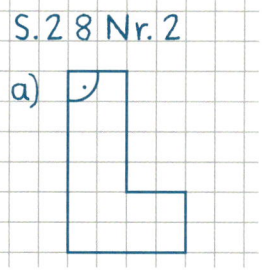

③ Spanne und zeichne verschiedene Figuren mit
a) einem rechten Winkel,
b) zwei rechten Winkeln,
c) drei rechten Winkeln,
d) vier rechten Winkeln.

Vergleiche deine Ergebnisse mit einem Partner.

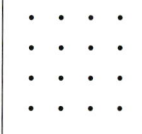

Didaktische Information
Schwerpunkt: Ganzheitliches Erfassen ebener Figuren; Einführung der Fachtermini erfordert intensive Auseinandersetzung;
 rechter Winkel und linker Winkel

Sprechen
Geometrischer Begriff *rechter Winkel* wird von Kindern zunächst umgangssprachlich mit *gerade* als Abgrenzung zu *schief* beschrieben.

▶ AH 18
▶ D 19/20
▶ KV 19

Parallel zueinander

① Falte mit einem Faltwinkel 5 Linien, die parallel zueinander sind.

② Sind die Linien parallel zueinander?

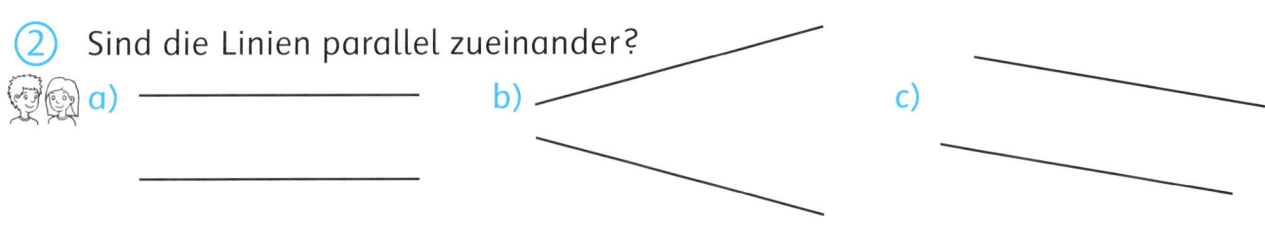

a)   b)   c)

③ Welche Seiten sind parallel zueinander?

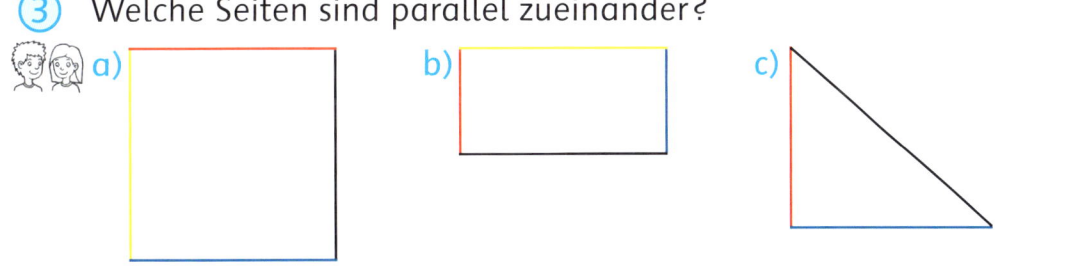

a)   b)   c)

④ Schreibe die richtigen Sätze auf.

In einem Quadrat sind die gegenüberliegenden Seiten immer parallel zueinander.

In einem Rechteck sind die gegenüberliegenden Seiten nicht parallel zueinander.

Eine Figur mit 4 rechten Winkeln ist ein Quadrat oder ein Rechteck.

Ein Quadrat hat 4 rechte Winkel.

Vierecke

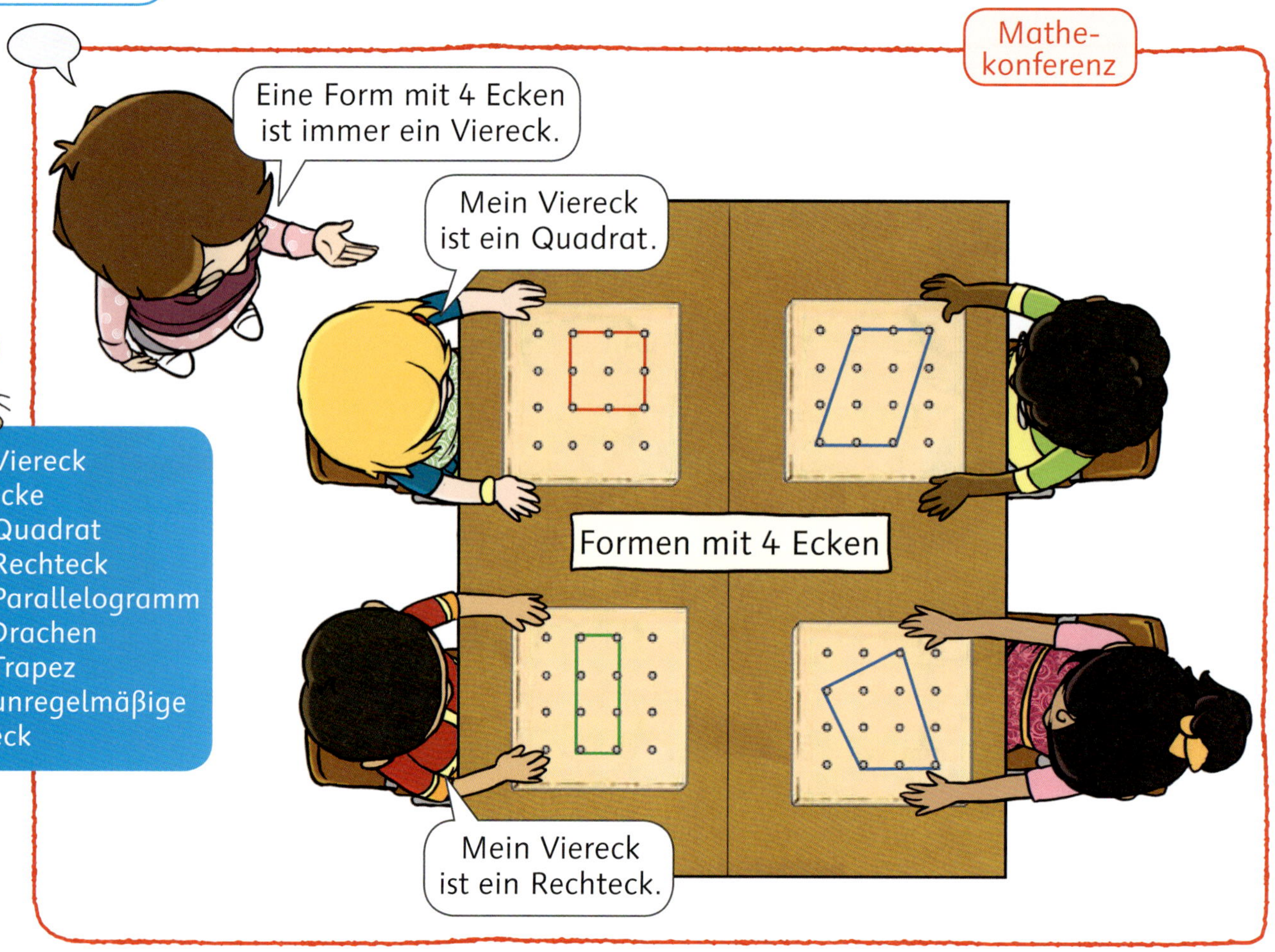

Mathekonferenz

"Eine Form mit 4 Ecken ist immer ein Viereck."

"Mein Viereck ist ein Quadrat."

Formen mit 4 Ecken

"Mein Viereck ist ein Rechteck."

das Viereck
die Ecke
das Quadrat
das Rechteck
das Parallelogramm
der Drachen
das Trapez
das unregelmäßige Viereck

① Spanne verschiedene Vierecke auf dem Geobrett.
a) Zeichne das Viereck.
b) Schneide das Viereck aus.

② a) Überlegt, wie ihr die Vierecke sortieren könnt. 
b) Beschreibt, wie ihr die Vierecke sortiert habt.
c) Klebt die Vierecke auf ein Plakat.
d) Schreibt die Namen auf das Plakat.

- das Quadrat
- der Drachen 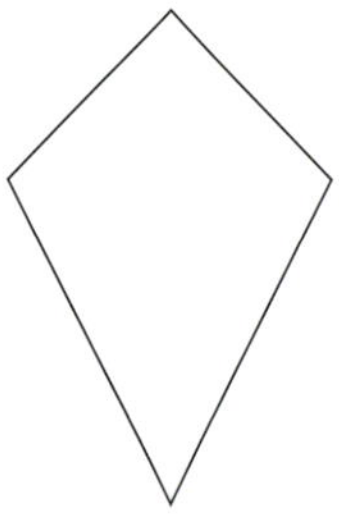 
- das Parallelogramm
- das Rechteck
- das Trapez 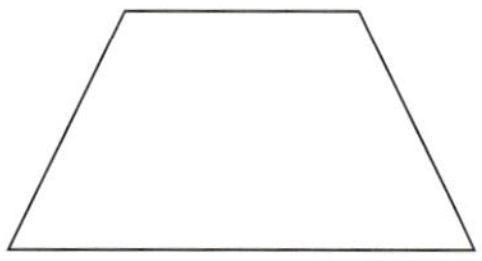
- das unregelmäßige Viereck 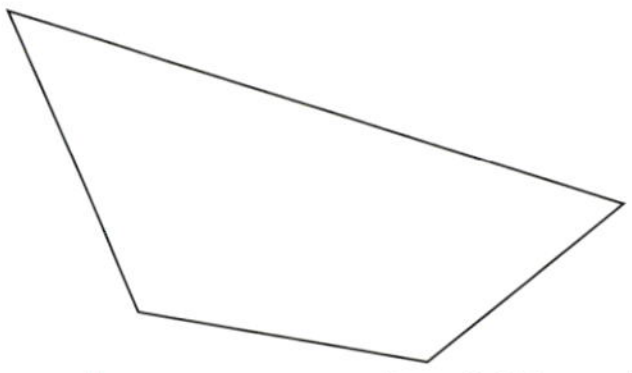

Didaktische Information
Vierecke werden nach Eigenschaften bspw. der Symmetrie geordnet; Viereck ist der Oberbegriff zu allen anderen; die Raute wird hier nicht thematisiert; verdeutlichen: Es gibt verschiedene unregelmäßige Vierecke

Sprechen
das Viereck, das Quadrat, der Drachen, das Parallelogramm, das Rechteck, das unregelmäßige Viereck
die Seiten
gleich lang, parallel zueinander, rechtwinklig

► AH 20
► D 23/24
► KV 20–22

③ Schreibe die richtigen Sätze auf.

Ein Rechteck ist ein Viereck.

Ein Rechteck ist ein Quadrat.

Ein Quadrat ist ein Viereck.

Ein Quadrat hat 4 gleich lange Seiten.

Ein Quadrat hat keine zueinander parallelen Seiten.

Eine Form mit 4 Ecken ist ein Viereck.

④ Finde rechte Winkel in Vierecken.
a) Spanne und zeichne 5 verschiedene Vierecke.
b) Zeichne die rechten Winkel ein.
c) Vergleiche deine Lösungen mit einem Partner.

⑤ Beschreibe ein Viereck. Erstelle einen Steckbrief.

S. 31 Nr. 5

das Parallelogramm

rechte Winkel

zueinander parallele Seiten

gegenüberliegend

gleich lange Seiten

nicht gleich lange Seiten

Mein Viereck hat 4 rechte Winkel.

Die 4 Seiten meines Vierecks sind nicht gleich lang.

Es ist ein Rechteck.

►AH 21
►D 23/24
►KV 21

Didaktische Information
Begriffe werden erst nach Beherrschung der umgangssprachlichen Beschreibung sicher verwenden; Differenzierung durch Wortspeicher

31

Flächen vergleichen

die Figur
die Fläche
das Einheitsquadrat EQ

① Welche Flächen sind gleich groß?

a) 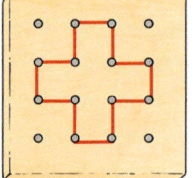   b) 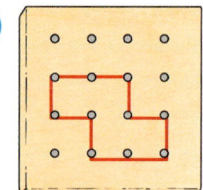   c)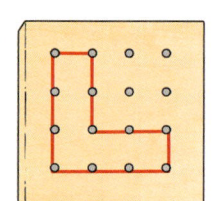

d) 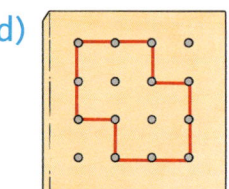   e) 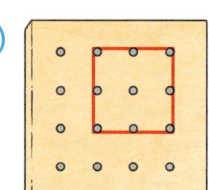   f)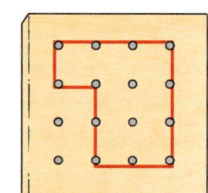

② Spanne verschiedene Figuren.
Zeichne die Figuren und schneide sie aus.

a) 4 EQ   b) 6 EQ   c) 5 EQ

d) 3 EQ   e) 8 EQ   f) 7 EQ

S. 3 2 Nr. 2
a)

③ Gestaltet mit euren Figuren ein Plakat für eine Ausstellung.

das Einheitsdreieck ED

④ Finde gleich große Flächen.

a) 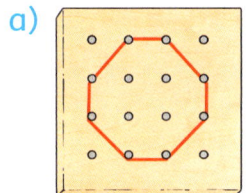 b) 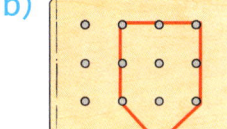 c)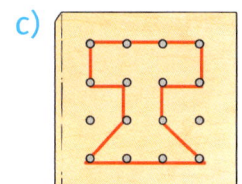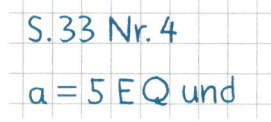

d) 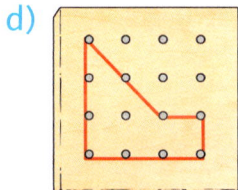 e) 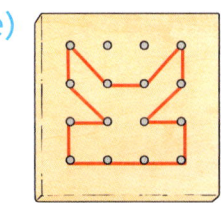 f)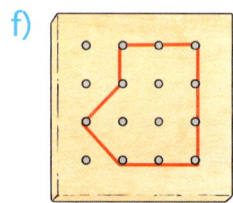

Erkläre einem Partner, wie du gleich große Flächen gefunden hast.

⑤ Ordne die Flächen.
Beginne mit der kleinsten Fläche.

a) 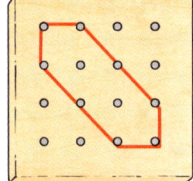 b) 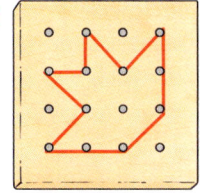 c) 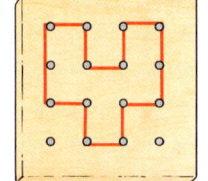 d)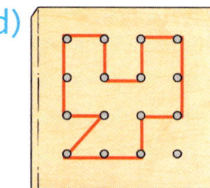

e) 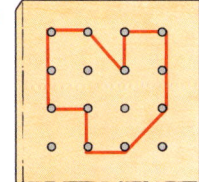 f) 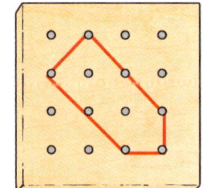 g) 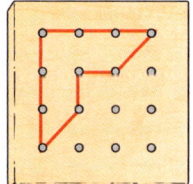 h)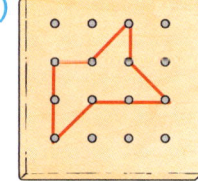

▶ AH 22/23
▶ D 25/26
▶ KV 23–26

Sprechen
das Einheitsdreieck (ED)
Die Fläche ist größer / kleiner / gleich groß, denn sie hat ... EQ.

Didaktische Information
indirekter Vergleich zweier Flächen durch Auslegen;
Kinder begründen ihre Ergebnisse einem Lernpartner

Das kann ich schon

① Ich kann rechte Winkel mit einem Faltwinkel finden.

S.28

a) 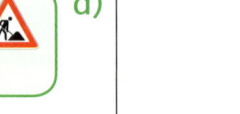   b) 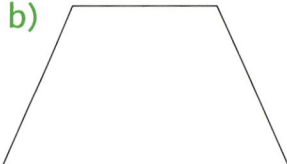   c)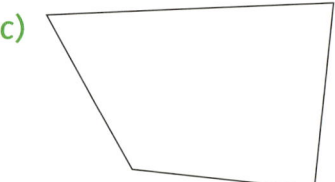

② Ich kann zueinander parallele Linien finden.

S.29

a)    b) 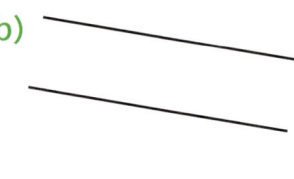   c)

③ Ich kann verschiedene Vierecke auf dem Geobrett spannen.

S.30

a) ein Trapez
b) einen Drachen
c) ein Parallelogramm

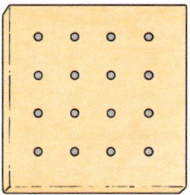

④ Ich kann die Größe von Flächen in EQ und ED bestimmen.

S.32/33

a) 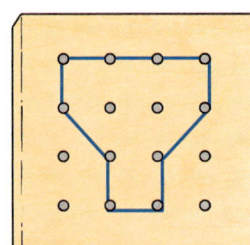   b) 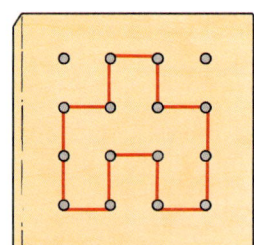   c)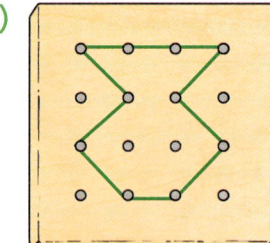

⑤ Ich kann die Größe von Flächen vergleichen.

S.32/33

a) 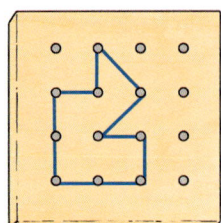 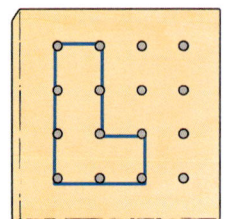   b)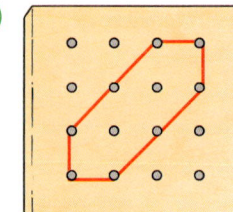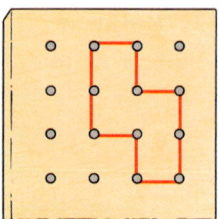

Didaktische Information
Aufgaben zur Selbstüberprüfung und Selbsteinschätzung

Forscherseite

"Ich habe eine Skizze für einen neuen Schulhof gezeichnet."

 ein Baum    ein Klettergerüst

① a) Welche Bereiche hat Emira für den Schulhof geplant?

b) Überlege, ob alle Kinder mit Emiras Aufteilung einverstanden sein können.

② a) Welche Bereiche sind für dich wichtig?
Zeichne eine eigene Skizze.
Die Bäume und das Klettergerüst kannst du nicht verschieben.

15–20 EQ für den Fußballplatz

15–20 EQ für den Spielplatz

10–20 EQ für den Garten

10–15 EQ für die Ruhezone

20–25 EQ für freie Flächen

b) Erklärt euch gegenseitig eure Skizzen.
Begründet, warum der Schulhof so aussehen soll.

Didaktische Information
Anregungen zum Ausprobieren, Knobeln, Forschen und Entdecken mit Anforderungen, die über die der vorherigen Seiten hinausgehen

Meter und Zentimeter

Du bist 1 Meter und 49 Zentimeter groß.

Das sind eins Komma vier neun Meter.

	1 m	,	10 cm	1 cm	
Emira	1	,	3	1	1,31 m
Umut	1	,	4	9	1,49 m

Das Komma trennt Meter und Zentimeter.
Ein Meter hat 100 Zentimeter.
1 m = 100 cm

der Zentimeter
der Meter

① Wie groß sind die Kinder?
a) Zeichne eine Tabelle.

S. 36 Nr. 1a)

	1 m	,	10 cm	1 cm	
Emira	1	,	3	1	1,31 m

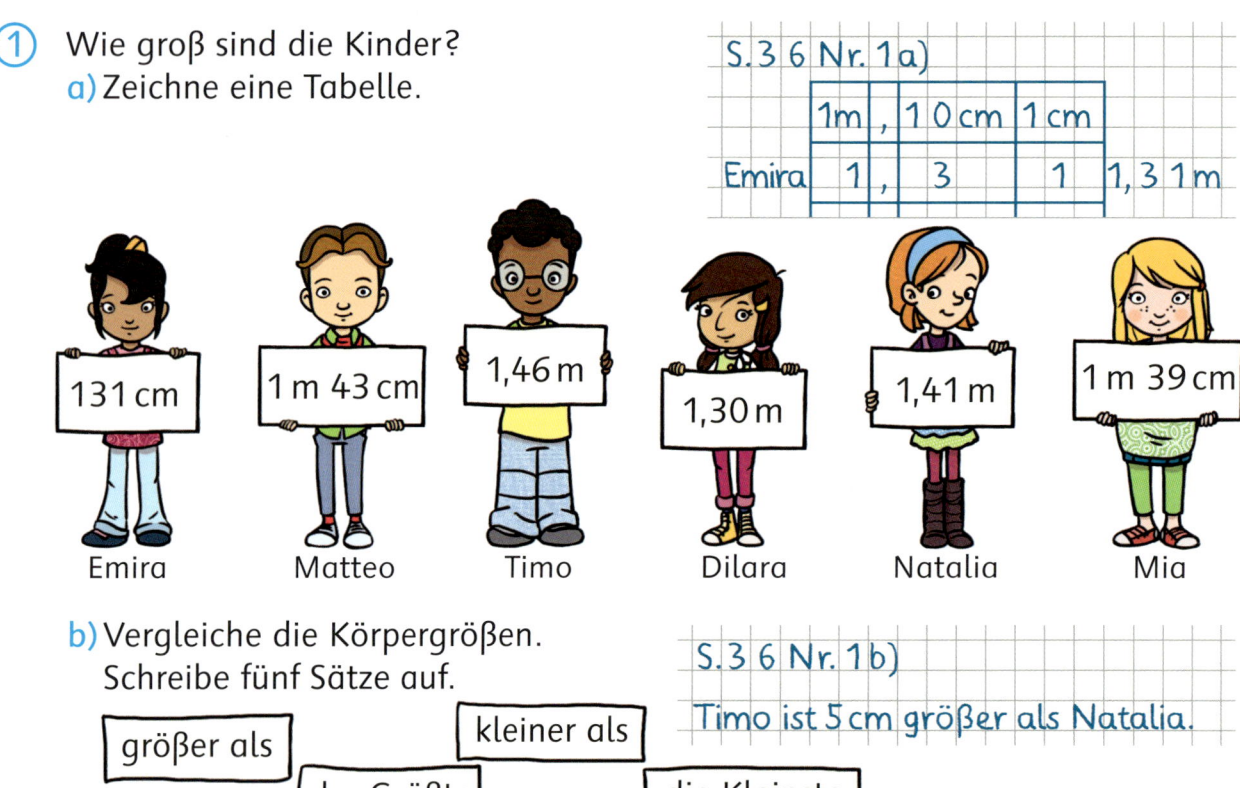

Emira 131 cm | Matteo 1 m 43 cm | Timo 1,46 m | Dilara 1,30 m | Natalia 1,41 m | Mia 1 m 39 cm

b) Vergleiche die Körpergrößen.
Schreibe fünf Sätze auf.

größer als   kleiner als   der Größte   die Kleinste

S. 36 Nr. 1b)
Timo ist 5 cm größer als Natalia.

② Rechne in Meter um.
Schreibe als Kommazahl.

a) 154 cm
133 cm
187 cm

b) 370 cm
307 cm
37 cm

c) 402 cm
420 cm
4 cm

S. 36 Nr. 2
a) 154 cm = 1,54 m

Zentimeter und Millimeter

Ein Zentimeter hat 10 Millimeter.
1 cm = 10 mm

der Zentimeter
der Millimeter
die Strecke

① Miss die Länge und zeichne die Strecke.

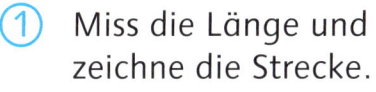

A B C D E F G

S. 37 Nr. 1

cm	,	mm
A 3	,	8

A = 3,8 cm

② Rechne in Zentimeter um. Schreibe als Kommazahl.

a) 28 mm   b) 70 mm   c) 100 mm   d) 58 mm
   58 mm   7 mm   120 mm   134 mm

S. 37 Nr. 2
a) 28 mm = 2,8 cm

③ Zeichne die Strecken. Wie geht es weiter?

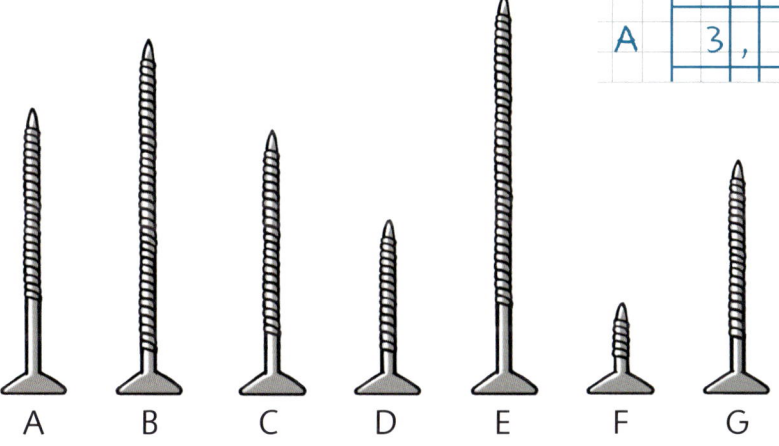

S. 37 Nr. 3

4 mm   5 mm   7 mm   10 mm   14 mm   19 mm

▶ AH 25/26
▶ D 29–32
▶ KV 27–29

Sprechen
Die Schraube ist 3,8 cm lang.
Ich zeichne 3,8 cm.
Die Strecke ist 3,8 cm lang.

Didaktische Information
Millimeter als Einheit zum genauen Messen wird eingeführt
D Die Tabelle kann beim Setzen des Kommas helfen

Meter, Zentimeter, Millimeter

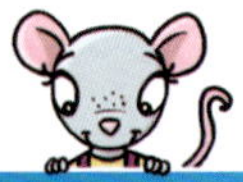

① Finde für jede Maßeinheit Gegenstände.

Meter, Zentimeter und Millimeter sind Maßeinheiten.

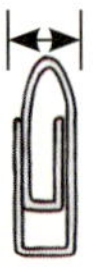

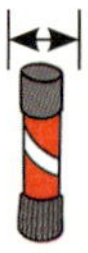

Millimeter (mm)
6 mm
die Büroklammer

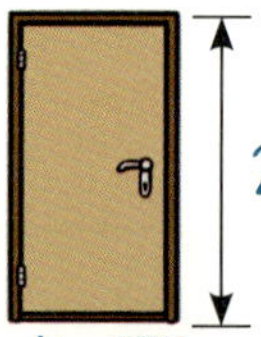

Zentimeter (cm)
2 cm
der Klebestift

Meter (m)
2 m
die Tür

die Maßeinheit

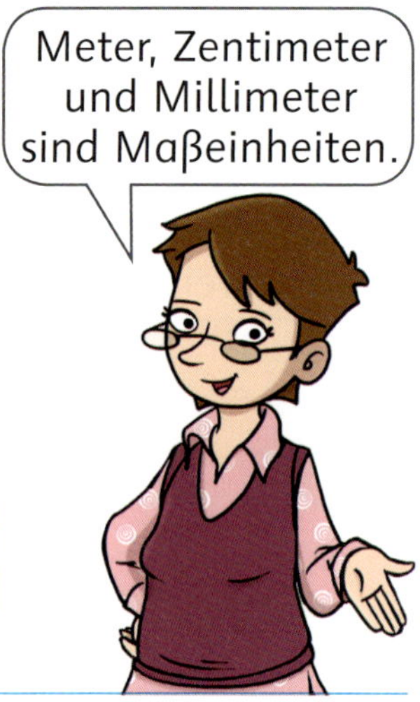

② Was passt zusammen?

4,5 m   1 mm   16,5 m   60 cm
1 m   12 mm   9 mm   8,5 cm

S. 38 Nr. 2
die Euromünze: 1 mm

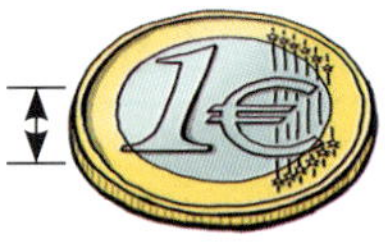

- die Euromünze
- der Klebestift 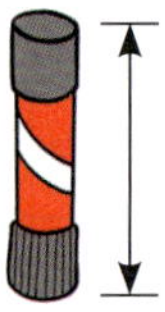
- das Auto 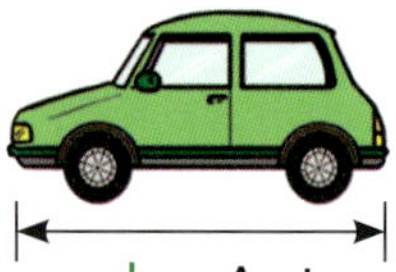
- der LKW 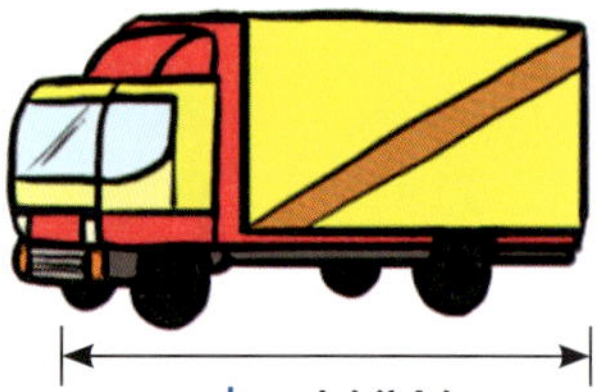
- die Tür 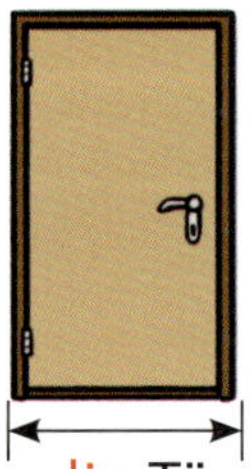
- die Biene 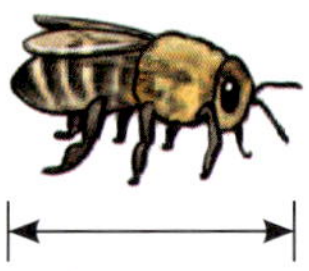
- der Tisch 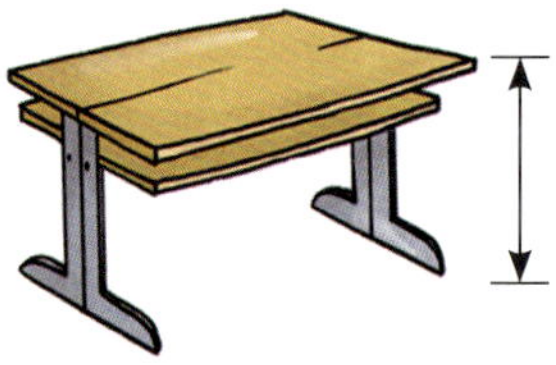
- die Ameise 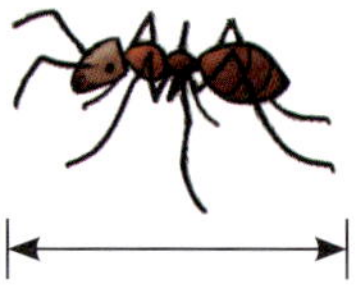

③ Schreibe die richtigen Sätze auf.

Eine Tür ist ungefähr 2 m hoch.

Ein Kind ist ungefähr 2,30 m groß.

Ein Bett ist ungefähr 2 Meter lang.

Eine Tür ist ungefähr 150 cm breit.

Eine Tafel ist ungefähr 100 cm hoch.

Ein neues Stück Kreide ist ungefähr 8 cm lang.

Rechnen mit Längen

① Schreibe in m und cm.

a) 3,41 m
   4,37 m
   5,23 m

b) 5,70 m
   5,07 m
   0,57 m

c) 0,07 m
   7,07 m
   7,70 m

S. 39 Nr. 1
a) 3,41 m = 3 m 41 cm

② Rechne in Meter um.
Schreibe als Kommazahl.

a) 263 cm
   623 cm
   362 cm

b) 402 cm
   240 cm
   42 cm

c) 909 cm
   99 cm
   990 cm

S. 39 Nr. 2
a) 263 cm = 2,63 m

③ Rechne in Zentimeter um.
Schreibe als Kommazahl.

a) 37 mm
   73 mm
   370 mm

b) 45 mm
   454 mm
   5 mm

c) 77 mm
   707 mm
   7 mm

S. 39 Nr. 3
a) 37 mm = 3,7 cm

④ Setze <, > oder = ein.

a) 172 cm ○ 1,70 m
   96 cm ○ 9,60 m
   117 cm ○ 1,17 m

b) 2 m 6 cm ○ 2,60 m
   4 m 50 cm ○ 4,50 m
   5 m 70 cm ○ 5,07 m

⑤ Ergänze.

a) 2 m 6 cm + ☐ = 3 m
   2 m 60 cm + ☐ = 3 m
   2 m 66 cm + ☐ = 3 m

b) 3,75 m + ☐ = 4 m
   5,25 m + ☐ = 6 m
   6,05 m + ☐ = 7 m

Sprechen
Partnerkurs:
Wie viele Meter sind 632 Zentimeter?
632 Zentimeter sind 6,32 Meter.

Didaktische Information
Vergleichen und Rechnen mit Längen

Das kann ich schon

① Ich kann Körpergrößen als Kommazahl schreiben.

S. 36

131 cm   139 cm   141 cm   146 cm

Emira   Mia   Natalia   Timo

S. 40 Nr. 1
Emira: 1,

② Ich kann genau messen.

S. 37

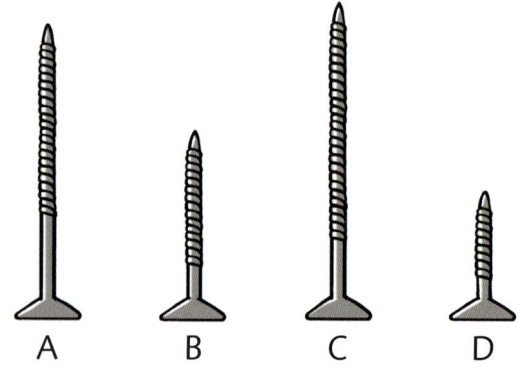

A   B   C   D

③ Ich kann genau mit dem Lineal zeichnen.

S. 37

a) 35 mm   b) 51 mm   c) 76 mm   d) 98 mm

④ Ich kann Gegenstände der richtigen Maßeinheit zuordnen.

S. 38

S. 40 Nr. 4

Gegenstand	m	cm	mm

⑤ Ich kann Längen vergleichen.

S. 39

a) 100 cm ◯ 1 m   b) 85 mm ◯ 8 cm

142 cm ◯ 1,24 m   42 mm ◯ 4,5 cm

8,50 cm ◯ 85 cm   65 mm ◯ 6,5 cm

40 Didaktische Information
Aufgaben zur Selbstüberprüfung und Selbsteinschätzung

Forscherseite

Längen in anderen Ländern

In einigen Ländern gibt es auch noch andere Maßeinheiten zum Messen von Längen.
Ein *Foot* (Fuß) sind ungefähr 30 cm.
Ein *Foot* (Fuß) wird in zwölf *Inch* (Daumenbreiten) eingeteilt.
Das deutsche Wort für *Inch* ist Zoll.
Drei *Feet* (Füße) ergeben einen *Yard* (Schritt).

Foot **Inch** **Yard**

1 a) Wie viele Zentimeter sind ein Foot?
b) Wie viele Zentimeter sind ein Inch?
c) Wie viele Zentimeter sind ein Yard?

2 Von einem Bildschirm wird immer die Diagonale gemessen.
Die Größe von Bildschirmen wird meist in Inch gemessen.
Die Länge 15 Inch wird 15" geschrieben.

Rechne in Zentimeter um.

a)    b) 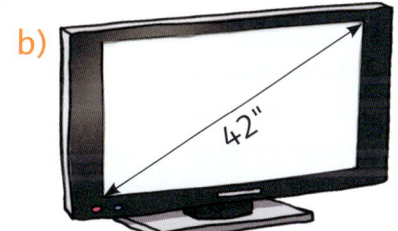   c)

3 Rechne in Meter um.
a) Fußballtor

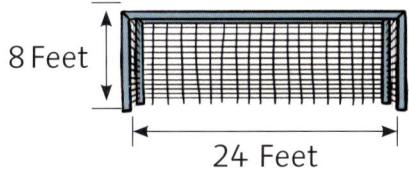

b) Fußballfeld

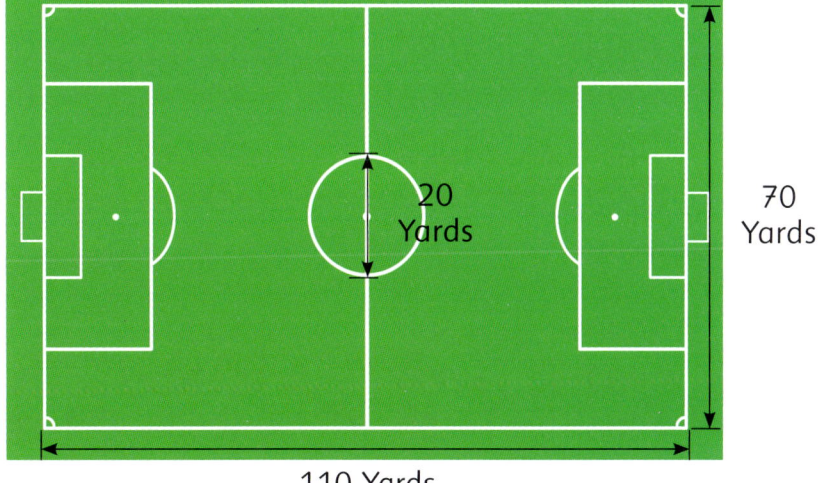

Addition und Subtraktion bis 1000

300 plus 500 gleich 800.

600 minus 400 gleich 200.

① a) 200 + 300　　b) 300 + 400　　c) 100 + 400
　　100 + 500　　　100 + 800　　　300 + 100
　　400 + 200　　　600 + 300　　　700 + 200
　　700 + 100　　　500 + 200　　　400 + 500

```
S.42 Nr.1
a) 2 0 0 + 3 0 0 = 5 0 0
```

d) Finde eigene Aufgaben.

②  a) 800 − 400　　b) 600 − 100　　c) 500 − 400
　　200 − 100　　　500 − 200　　　700 − 300
　　700 − 200　　　800 − 700　　　600 − 200
　　900 − 500　　　900 − 600　　　800 − 200

d) Finde eigene Aufgaben.

③ Ergänze zum Tausender.

　　a) 700 + ☐ = 1000　　b) 500 + ☐ = 1000
　　　 400 + ☐ = 1000　　　 300 + ☐ = 1000
　　　 100 + ☐ = 1000　　　 600 + ☐ = 1000
　　　 800 + ☐ = 1000　　　 900 + ☐ = 1000

```
S.42 Nr.3
a) 7 0 0 + 3 0 0 = 1 0 0 0
```

④ a) 1000 − ☐ = 500　　b) 1000 − ☐ = 400
　　 1000 − ☐ = 900　　　 1000 − ☐ = 100
　　 1000 − ☐ = 600　　　 1000 − ☐ = 700
　　 1000 − ☐ = 300　　　 1000 − ☐ = 800

Didaktische Information
1d, 2d Kinder anregen, passende Aufgaben zu finden

🗨 **Sprechen**
200 plus 300 gleich 500.
800 minus 400 gleich 400.
700 plus wie viel gleich 1000?
1000 minus wie viel gleich 500?

▶ AH 28
▶ D 33–38
▶ KV 33

Ergänzen bis 1000

① a) 850 + ☐ = 1000 b) 230 + ☐ = 1000 c) 470 + ☐ = 1000
   420 + ☐ = 1000   560 + ☐ = 1000   990 + ☐ = 1000
   780 + ☐ = 1000   280 + ☐ = 1000   60 + ☐ = 1000

② a) 650 + ☐ = 1000 b) 340 + ☐ = 1000 c) 800 + ☐ = 1000
   550 + ☐ = 1000   330 + ☐ = 1000   750 + ☐ = 1000
   ☐ + ☐ = 1000   ☐ + ☐ = 1000   ☐ + ☐ = 1000

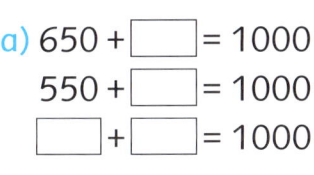

d) Rechne weiter. Wie viele Aufgaben findest du? Vergleiche mit einem Partner.

③ a) 1000 = 480 + ☐ b) 1000 = ☐ + 820 c) 1000 = 670 + ☐
   1000 = 910 + ☐   1000 = ☐ + 190   1000 = 440 + ☐
   1000 = 270 + ☐   1000 = ☐ + 530   1000 = 760 + ☐

▶ AH 29
▶ D 33–38
▶ KV 33

Sprechen
Die Zahl heißt 650. Der große Nachbarhunderter ist 700. Ich ergänze 50. Das Ergebnis ist 100. Ich ergänze noch 300. Subtraktionsaufgaben analog dazu verbalisieren.

Didaktische Information
Nachbarhunderter ggf. wiederholen; zum Abdecken eignet sich Transparentpapier; **2d** Kinder anregen, weitere Aufgaben zu finden

43

Kleine und große Aufgaben

30 + 30 = 60 300 + 300 = 600 60 – 30 = 30 600 – 300 = 300
3 + 3 = 6 6 – 3 = 3

① a) 4 + 5   b) 6 + 2   c) 3 + 4
   40 + 50   60 + 20   30 + 40
   400 + 500   600 + 200   300 + 400

S. 44 Nr. 1
a) 4 + 5 =
   40 + 50 =
   400 + 500 =

② a) 9 – 7   b) 5 – 3   c) 8 – 7
   90 – 70   50 – 30   80 – 70
   900 – 700   500 – 300   800 – 700

③ a) 2 + 5   b) 6 + 3   c) 4 + 5   d) 3 + 3
   12 + 5   26 + 3   34 + 5   33 + 3
   112 + 5   226 + 3   434 + 5   333 + 3

④ a) 7 – 3   b) 8 – 5   c) 9 – 2   d) 5 – 4
   17 – 3   48 – 5   89 – 2   25 – 4
   317 – 3   948 – 5   589 – 2   625 – 4

⑤ a) 4 + 2   b) 9 – 6   c) 3 + 5   d) 6 – 2
   14 + 2   39 – 6   83 + 5   46 – 2
   214 + 2   839 – 6   483 + 5   346 – 2

Didaktische Information
Zusammenhang zwischen kleiner und großer Aufgabe beschreiben lassen

Sprechen
4 plus 5 gleich 9. Also ist 40 plus 50 gleich 90 und 400 plus 500 gleich 900.

▶ AH 30/31
▶ KV 34

Einer, Zehner und Hunderter

Was entdeckst du?

434 +   2 = 436
434 +   20 = 454
434 + 200 = 634

Bei der 1. Aufgabe wird nur der Einer größer.

Bei der 2. Aufgabe wird nur der Zehner größer.

Bei der 3. Aufgabe wird nur der Hunderter größer.

der Einer
der Zehner
der Hunderter

① a) 215 +   4   b) 326 +   3   c) 742 +   2   d) 456 +   3
   215 + 40   326 + 30   742 + 20   456 + 30
   215 + 400   326 + 300   742 + 200   456 + 300

② a) 879 −   6   b) 966 −   5   c) 578 −   1   d) 585 −   4
   879 − 60   966 − 50   578 − 10   585 − 40
   879 − 600   966 − 500   578 − 100   585 − 400

③ a) 454 +   2   b) 777 −   5   c) 632 +   3   d) 596 −   4
   454 + 20   777 − 50   632 + 30   596 − 40
   454 + 200   777 − 500   632 + 300   596 − 400

④ Schreibe passende Sätze zur Aufgabe.
   a) 643 + 300   b) 371 − 40   c) 992 + 7

   [der Einer]   [der Zehner]   [wird größer]

   [bleibt gleich]   [wird kleiner]   [der Hunderter]

▶ AH 30/31

Sprechen
Bei der 1., 2., 3. Aufgabe wird nur der Einer, der Zehner, der Hunderter größer.
Subtraktionsaufgaben analog dazu verbalisieren.

Didaktische Information
Veränderungen farblich hervorheben

Rechenwege bei der Addition

Mathekonferenz

Timo: Hunderter plus Hunderter, Zehner plus Zehner, Einer plus Einer. Dann rechne ich zusammen.

215 + 346 =
200 + 300 = 500
10 + 40 = 50
5 + 6 = 11
561

Momo: Erst die Einer dazu. Die Partnerzahlen helfen mir. Dann die Zehner dazu und dann die Hunderter.

215 + 5 + 1 = 221
221 + 40 = 261
261 + 300 = 561

Lisa: Ich rechne mit dem Rechenstrich.

215 +300→ 515 +40→ 555 +6→ 561

215 + 346

Natalia: Erst die Hunderter dazu, dann die Zehner dazu und dann die Einer dazu.

215 + 300 = 515
515 + 40 = 555
555 + 6 = 561

halbschriftlich addieren

① a) Wie rechnen die Kinder?

b) Welchen Rechenweg kannst du gut erklären?

② Wie rechnest du?

a) 117 + 143   b) 729 + 153   c) 452 + 229

d) 288 + 242   e) 376 + 416   f) 539 + 315

g) Finde eigene Aufgaben.

Additionsaufgaben üben

 1 Hier haben 5 Aufgaben das Ergebnis 1000.
Finde die 5 Aufgaben und schreibe sie auf.

a) 715 + 285   b) 647 + 343   c) 157 + 743   d) 381 + 719

e) 555 + 454   f) 416 + 584   g) 901 + 99   h) 882 + 116

i) 248 + 752   j) 77 + 977   k) 423 + 477   l) 617 + 383

 2 Schreibe das Entdeckerpäckchen und die passende Beschreibung zusammen auf.

a) 495 + 237   b) 386 + 277   c) 473 + 219
   475 + 247   366 + 267   463 + 239
   455 + 257   346 + 257   453 + 259
   ☐ + ☐   ☐ + ☐   ☐ + ☐

> Wenn die 1. Zahl immer um 10 kleiner wird
> und die 2. Zahl immer um 20 größer wird,
> dann wird das Ergebnis immer um ___ größer.

> Wenn die 1. Zahl immer um 20 kleiner wird
> und die 2. Zahl immer um 10 kleiner wird,
> dann wird das Ergebnis immer um ___ kleiner.

> Wenn die 1. Zahl immer um 20 kleiner wird
> und die 2. Zahl immer um 10 größer wird,
> dann wird das Ergebnis immer um ___ kleiner.

 3 Finde ein Entdeckerpäckchen zu dieser Beschreibung.

> Wenn die 1. Zahl immer um 50 größer wird
> und die 2. Zahl immer um 50 kleiner wird,
> dann bleibt das Ergebnis immer gleich.

 4 Setze <, > oder = ein.

a) 329 + 153 ◯ 480   b) 1000 ◯ 889 + 111
   261 + 416 ◯ 677   787 ◯ 249 + 528
   338 + 335 ◯ 671   783 ◯ 418 + 365
   577 + 133 ◯ 720   950 ◯ 183 + 777

▶ AH 32/33
▶ D 39–42
▶ KV 40/41

💬 **Sprechen**
ist größer als, ist kleiner als, ist gleich

Didaktische Information
Wenn ..., dann ...-Sätze an den Aufgaben farblich visualisieren

Rechenwege bei der Subtraktion

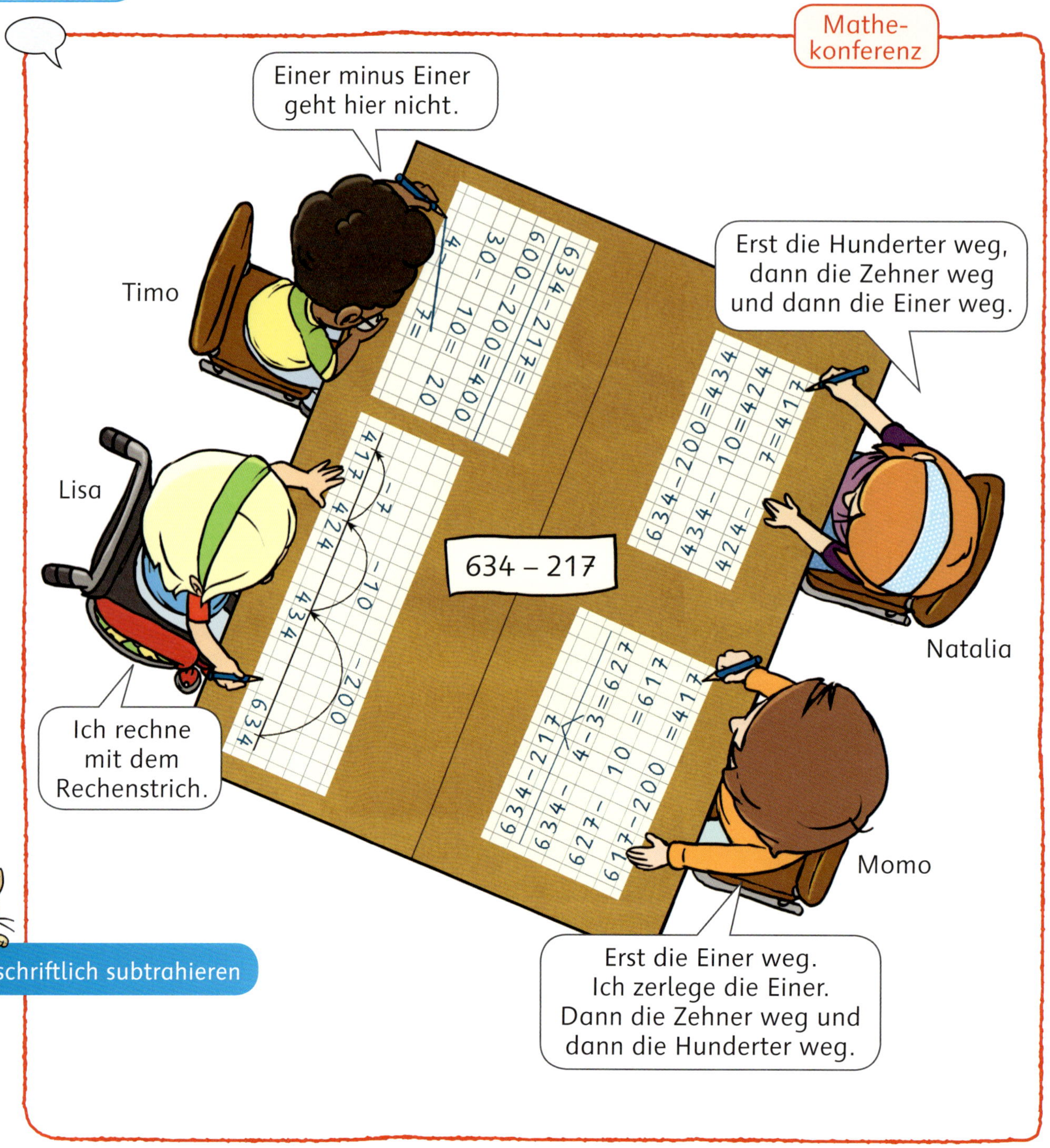

Mathekonferenz

Timo: Einer minus Einer geht hier nicht.

634 – 217
30 – 10 = 20
600 – 200 = 400
4
417

Natalia: Erst die Hunderter weg, dann die Zehner weg und dann die Einer weg.

634 – 200 = 434
434 – 10 = 424
424 – 7 = 417

634 – 217

Lisa: Ich rechne mit dem Rechenstrich.

634 – 200 434 – 10 424 – 7 417

Momo: Erst die Einer weg. Ich zerlege die Einer. Dann die Zehner weg und dann die Hunderter weg.

634 – 217
634 – 4 – 3 = 627
627 – 10 = 617
617 – 200 = 417

halbschriftlich subtrahieren

① a) Wie rechnen die Kinder?
   b) Welchen Rechenweg kannst du gut erklären?

② Wie rechnest du?

   a) 927 – 219   b) 468 – 273   c) 613 – 536
   d) 598 – 374   e) 732 – 198   f) 270 – 128
   g) Finde eigene Aufgaben.

Subtraktionsaufgaben üben

1 Bei 5 Aufgaben ist das Ergebnis kleiner als 500.
Finde die 5 Aufgaben und schreibe sie auf.

a) 917 − 221   b) 779 − 178   c) 854 − 452   d) 652 − 68

e) 812 − 315   f) 598 − 79   g) 805 − 276   h) 934 − 449

i) 743 − 109   j) 247 − 158   k) 721 − 368   l) 803 − 207

2 Schreibe das Entdeckerpäckchen und die passende Beschreibung zusammen auf.

a) 863 − 127   b) 314 − 168   c) 506 − 299
   853 − 137   334 − 158   516 − 279
   843 − 147   354 − 148   526 − 259
   ☐ − ☐   ☐ − ☐   ☐ − ☐

Wenn die 1. Zahl immer um 10 kleiner wird
und die 2. Zahl immer um 10 größer wird,
dann wird das Ergebnis immer um ___ kleiner.

Wenn die 1. Zahl immer um 10 größer wird
und die 2. Zahl immer um 20 kleiner wird,
dann wird das Ergebnis immer um ___ größer.

Wenn die 1. Zahl immer um 20 größer wird
und die 2. Zahl immer um 10 kleiner wird,
dann wird das Ergebnis immer um ___ größer.

3 Finde ein Entdeckerpäckchen zu dieser Beschreibung.

Wenn die 1. Zahl immer um 30 größer wird
und die 2. Zahl immer um 30 größer wird,
dann bleibt das Ergebnis immer gleich.

4 Setze <, > oder = ein.

a) 632 − 448 ◯ 206   b) 219 ◯ 857 − 628
   999 − 777 ◯ 311   163 ◯ 372 − 209
   481 − 96 ◯ 385   120 ◯ 215 − 88
   507 − 219 ◯ 291   79 ◯ 634 − 555

Das kann ich schon

① Ich kann zum Tausender ergänzen.

S. 42/43

a) 700 + ☐ = 1000
b) 200 + ☐ = 1000
c) 340 + ☐ = 1000
d) 610 + ☐ = 1000

② Ich kann kleine und große Aufgaben lösen.

S. 44

a) 5 + 4
50 + 40
500 + 400

b) 9 − 3
90 − 30
900 − 300

c) 3 + 2
23 + 2
423 + 2

d) 8 − 7
48 − 7
948 − 7

③ Ich kann Aufgaben lösen und beschreiben, was sich verändert.

S. 45

a) 764 − 50
b) 371 + 8

der Einer   der Zehner   wird größer

bleibt gleich   wird kleiner   der Hunderter

④ Ich kann meinen Rechenweg aufschreiben.

S. 46, 48

a) 538 + 246
b) 398 + 463
c) 931 − 617
d) 765 − 287

⑤ Ich kann Entdeckerpäckchen lösen und beschreiben.

S. 47, 49

a) 651 + 105
641 + 125
631 + 145
☐ + ☐

b) 827 − 358
837 − 368
847 − 378
☐ − ☐

⑥ Ich kann die richtigen Zeichen <, > oder = einsetzen.

S. 47, 49

a) 422 + 219 ○ 642
117 + 673 ○ 790
503 − 312 ○ 190
999 − 444 ○ 556

b) 871 ○ 743 + 129
534 ○ 279 + 256
173 ○ 662 − 489
356 ○ 801 − 444

Didaktische Information
Aufgaben zur Selbstüberprüfung und Selbsteinschätzung

Forscherseite

Als Carl Friedrich Gauß* zur Schule ging, stellte sein Rechenlehrer ihm und seinen Mitschülern eine besondere Aufgabe.

Der Lehrer dachte sich: „Ich gebe den Kindern eine sehr schwierige Aufgabe. Dann sind sie beschäftigt und ich kann meine Zeitung lesen."

Die Aufgabe hieß:
Addiert alle Zahlen von 1 bis 100!

Carl Friedrich Gauß hatte die Aufgabe aber schon nach wenigen Minuten gelöst. Er hatte nämlich einen schlauen Trick gefunden. Sein Lehrer war sehr überrascht und musste sich nun wieder eine neue Aufgabe für Carl Friedrich Gauß einfallen lassen.

*Carl Friedrich Gauß war ein berühmter Mathematiker.

① Addiere alle Zahlen von 1 bis 10.
Finde einen Trick, um besonders schnell zum Ergebnis zu kommen.

② Addiere alle Zahlen von 1 bis 20.
Finde einen Trick, um besonders schnell zum Ergebnis zu kommen.

③ Addiere alle Zahlen von 1 bis 40.
Finde einen Trick, um besonders schnell zum Ergebnis zu kommen.

④ Versuche nun, die Aufgabe von Carl Friedrich Gauß zu lösen.
Achtung, es geht über 1000.

⑤ Finde Informationen über Carl Friedrich Gauß.
Hier kannst du dich informieren:

Didaktische Information
Anregungen zum Ausprobieren, Knobeln, Forschen und Entdecken mit Anforderungen, die über die der vorherigen Seiten hinausgehen

Kombinatorik mit Baumdiagrammen

die Kombination

① Milan hat Geburtstag.
Er möchte den Kindern aus seiner Klasse kleine Geschenktüten mitbringen.
In jeder Tüte sollen ein Lolli, ein Bonbon und ein Radiergummi sein.
Milan hat die Sachen in rot, gelb und blau gekauft.

a) Vermute. Wie viele Kombinationen gibt es?

b) Finde möglichst viele Kombinationen.
Schreibe oder male deine Kombinationen auf.

c) Vergleiche mit einem Partner.
Ordnet eure Kombinationen und gestaltet ein Plakat.

d) Präsentiert euer Plakat.
Erklärt, wie ihr eure Kombinationen geordnet habt.

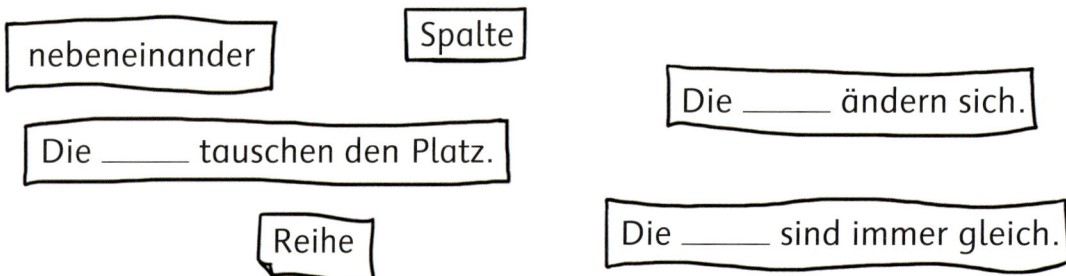

e) Vergleicht die Plakate in der Klasse.
Überlegt gemeinsam, ob ihr alle Kombinationen gefunden habt.

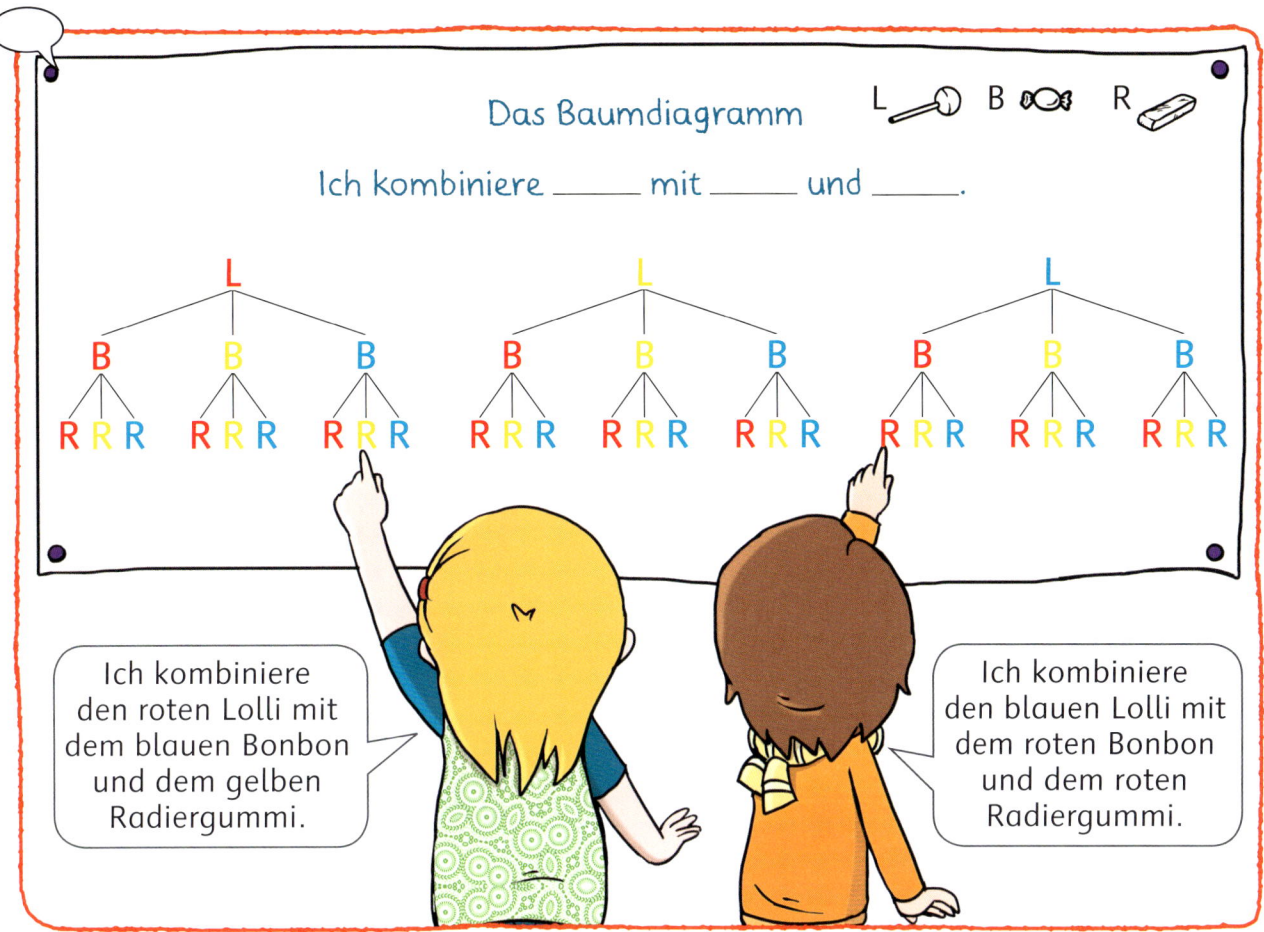

② Im Baumdiagramm sind alle Kombinationen übersichtlich aufgeschrieben.

a) Wie viele Kombinationen gibt es insgesamt?

b) Wie viele Kombinationen gibt es mit einem roten Bonbon?

c) Wie viele Kombinationen gibt es mit einem gelben Lolli und einem roten Radiergummi?

d) Wie viele Kombinationen gibt es mit nur einer Farbe?

das Baumdiagramm kombinieren

③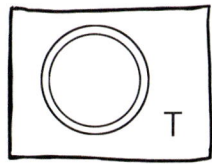

Bei der Geburtstagsfeier bekommt jedes Kind einen Becher, einen Teller und eine Gabel.
Milan hat die Sachen in grün, blau und orange gekauft.

a) Zeichne ein Baumdiagramm mit allen Kombinationen.

b) Kontrolliere mit einem Partner, ob du alle Kombinationen in deinem Baumdiagramm aufgeschrieben hast.

▶AH 36/37
▶D 43/44
▶KV 45

Sprechen
Im Beispielsatz kommt Akkusativ *und* Dativ vor. Auf korrekte Endungen achten! *(mit de<u>m</u> blaue<u>n</u> Bonbon)*

Didaktische Information
Verdeutlichen, dass jedes Ende des Baumdiagramms eine andere Kombination zeigt; Beziehung zwischen Baum in der Natur und Baumdiagramm besprechen

53

Wahrscheinlichkeit mit Würfeln

① Würfle 5 Minuten lang mit einem Würfel.

a) Mache eine Strichliste.

b) Welche Zahl hast du am häufigsten gewürfelt? Vergleiche mit den Kindern aus deiner Klasse.

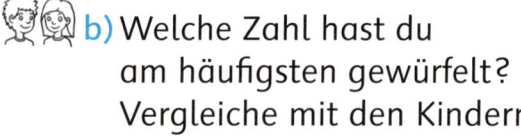

**die Summe
häufig
die Strichliste**

Welche Summe gewinnt?

Spielanleitung: Jeder Spieler sucht sich eine Summe aus.
Die Spieler würfeln abwechselnd mit 2 Würfeln.
Wenn deine Summe gewürfelt wird, bekommst du einen Punkt.
Der Spieler mit den meisten Punkten gewinnt.

② a) Lest die Spielanleitung.

b) Überlegt gemeinsam, welche Summen es bei 2 Würfeln gibt.

c) Sucht euch jeder eine Summe aus. Spielt dann 5 Minuten das Spiel.

d) Welche Summe hat gewonnen? Vermutet, warum das so ist.

③ Würfle 5 Minuten lang mit 2 Würfeln.

a) Schreibe alle Summen in eine Tabelle.

b) Mache eine Strichliste.

c) Welche Summe hast du am häufigsten gewürfelt? Vergleiche mit den Kindern aus deiner Klasse.

Didaktische Information
Für **1** und **3** Strichlisten der Kinder in einer gemeinsamen Tabelle sammeln, um annähernd eine Gleich- bzw. Normalverteilung zu bekommen

Sprechen
Hier kann schon das Wort *Summe* als Ergebnis einer Additionsaufgabe eingeführt werden.

▶ AH 38
▶ D 45/46
▶ KV 46

④ Welche Würfelkombinationen gibt es für die Summen?

a) Zeichne die Tabelle.
Schreibe alle Kombinationen in die Tabelle.

S. 55 Nr. 4a)

2	3	4	5	6	7	8	9	10	11	12

 b) Schreibe die richtigen Sätze zu der Tabelle auf.

Für die Summe 3 gibt es mehr Kombinationen als für die Summe 5.

Für die Summe 4 und die Summe 10 gibt es gleich viele Kombinationen.

Die Summe 11 wird seltener gewürfelt als die Summe 6, weil es weniger Kombinationen für die Summe 11 gibt.

Die Summe 9 wird häufiger gewürfelt als die Summe 7, weil es mehr Kombinationen für die Summe 9 gibt.

Die Summe 1 kann nie gewürfelt werden.

Die Summe 2 wird selten gewürfelt, weil es nur eine Kombination für die Summe 2 gibt.

häufig
selten
nie
die Kombination

⑤ Mia und Umut spielen ein Spiel mit 2 Würfeln.
Sie würfeln 3 Minuten lang.
Mia gewinnt bei allen ungeraden Summen.
Umut gewinnt bei allen geraden Summen.

a) Vermutet. Wer gewinnt das Spiel?

b) Spielt das Spiel. Wer gewinnt?

c) Begründet, warum das Spiel gerecht ist.
Die Tabelle aus ④ kann euch helfen.

▶AH 38
▶D 45/46
▶KV 47

Sprechen
Verbendstellung bei *weil*-Konstruktionen beachten;
Steigerung von *häufig*, *selten* besprechen

Didaktische Information
Tabelle aus 4 umdrehen und Ähnlichkeit zur Normal-
verteilung nutzen, um zu zeigen, wo es die meisten
Kombinationsmöglichkeiten gibt

Preise zuordnen

| 0,40 € | 0,30 € | 0,50 € | 0,60 € |
| Topaz | Granny Smith | Golden Delicious| Elstar |

① Lisa hat eine Sorte Äpfel gekauft. Sie hat 2,40 € bezahlt.
Emira möchte wissen, welche Äpfel Lisa gekauft hat.
Aber Lisa sagt es nicht. Jetzt macht Emira eine Tabelle.

a) Zeichne die Tabelle. Schreibe sie weiter.

b) Zeichne auch Tabellen für die anderen Apfelsorten.

c) Welche Äpfel könnte Lisa in ihrer Tüte haben?
Markiere in den Tabellen alle Möglichkeiten.

d) Lisa hat 8 Äpfel in ihrer Tüte.
Welche Äpfel hat sie also gekauft?

Topaz	
1	0,40 €
2	0,80 €
3	1,20 €
4	

② Frau Koch hat für die Klasse 13 Äpfel gekauft.
Sie hat 6,50 € bezahlt. Welche Äpfel sind es?
Die Tabellen können dir helfen.

③ Umut hat 3 € bekommen. Er möchte eine Tüte mit Äpfeln kaufen.
Sie dürfen auch gemischt sein.

a) Welche Äpfel kann er kaufen?
Finde verschiedene Möglichkeiten.

b) Bei welcher Möglichkeit bekommt er die meisten Äpfel?

c) Bei welcher Möglichkeit bekommt er die wenigsten Äpfel?

④ Momo hat für 1,50 € Äpfel gekauft.
Welche Sorten könnten es sein?
Begründe mit Hilfe der Tabellen.

Mathekonferenz

> Ich habe 10 Äpfel gekauft. Es sind Topaz und Golden Delicious. Ich habe 4,70 € bezahlt. — Dilara

Matteo, Lisa, Momo, Natalia

⑤ Welchen Lösungsweg kannst du gut erklären?

⑥ Wie viele Golden Delicious und wie viele Elstar hat Timo gekauft?

> Ich habe 12 Äpfel gekauft. Es sind Golden Delicious und Elstar. Ich habe 6,30 € bezahlt.

▶ AH 40
▶ D 47/48

Sprechen
*Ich arbeite mit ... . Mir hilft ... . Ich habe zuerst ... und dann ... .
Bei ... Topaz-Äpfeln muss ich zu viel / zu wenig bezahlen.*

Didaktische Information
Kinder beschreiben ihren Lösungsweg und die genutzten Hilfsmittel; bei 5 können die Lösungswege anderer Kinder nachvollzogen werden

57

Skizzen

① **Welche Skizze passt?**
Matteo spielt mit Umut Fußball. Sie schießen viele Tore.
Am Montag schießt Matteo 6 Tore, am Dienstag halb so viele.
Am Mittwoch schießt er ein Tor weniger als am Montag.
Matteo hat insgesamt nur die Hälfte von Umuts Toren geschossen.

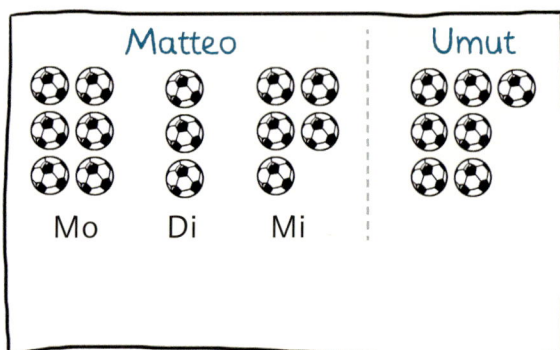

Skizze 1

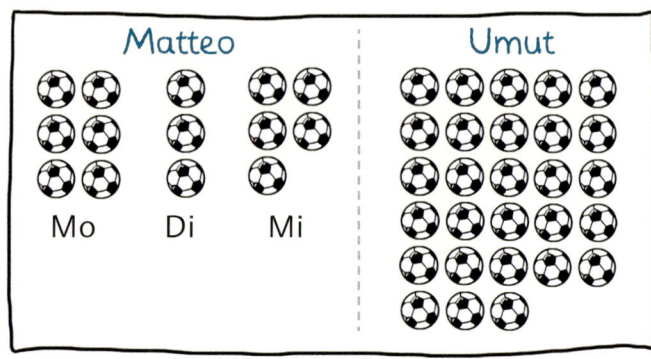

Skizze 2

② **Welche Skizze passt?**
Mia und Emira wollen nach der Schule zusammen Fußball spielen.
Sie wohnen 900 m voneinander entfernt.
Emira geht in einer Minute 100 Meter.
Mia trödelt und geht in einer Minute 50 Meter.

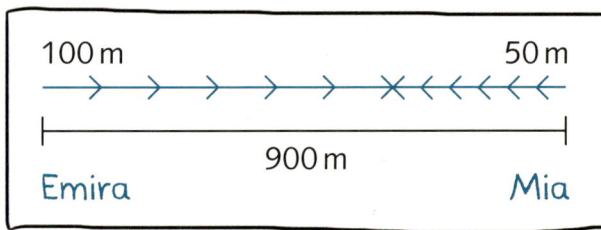

Skizze 1

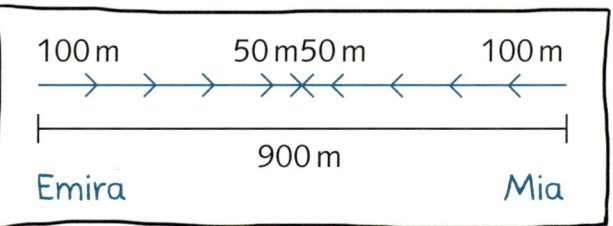

Skizze 2

③ Fußballplätze sind in Deutschland nicht gleich groß.
Sie sind von 90 bis 120 m lang und 45 bis 90 m breit.
Der Platzwart färbt die Linien mit weißer Kreide.

> Eine Skizze kann dir helfen.

a) Wie viele Meter färbt er beim kleinsten Feld?

b) Wie viele Meter färbt er beim größten Feld?

④  Auf dem Fußballfeld gibt es auch innen Linien.
Der Platzwart färbt auch diese Linien mit weißer Kreide.
Wie viele Meter färbt der Platzwart?

Hier kannst du dich informieren:

Turnierplan

Findet das Turnier nach dem K.o.-System oder dem Jeder-gegen-jeden-System statt?

Im Mai findet an unserer Schule ein Fußballturnier statt.
Es dürfen Mannschaften aus der dritten und vierten Klasse mitspielen.
Jedes Spiel hat zwei Halbzeiten, jede Halbzeit dauert 15 Minuten.
Meldet euch bis zum 30. April bei Frau Koch an.

Beim K.o.-System scheidet jeder Verlierer aus.

Beim Jeder-gegen-jeden-System muss jede Mannschaft gegen jede spielen.

① 4 Mannschaften haben sich angemeldet.

 a) Schreibt oder zeichnet einen Turnierplan.

b) Wie lange dauert das Turnier?

c) Präsentiert und vergleicht eure Turnierpläne.

d) Das Turnier darf nur zwei Stunden dauern. Welcher Turnierplan passt?

In der nächsten Woche findet ein Fußballturnier für die ersten und zweiten Klassen statt.
Die Spiele sind kürzer.
Jede Halbzeit dauert 10 Minuten.

② 6 Mannschaften haben sich angemeldet.

 a) Schreibe oder zeichne einen Turnierplan.

b) Wie lange dauert das Turnier?

---

❸ Bei wie vielen angemeldeten Mannschaften geht das K.o.-System nicht?

▸ AH 41
▸ D 50
▸ KV 49/50

Didaktische Information
Ein Turnierplan ist eine besondere Form einer Skizze

Das kann ich schon

① Ich kann ein Baumdiagramm zeichnen und damit alle Kombinationen finden.

S. 52/53

Muffin (M)	Zuckerguss (Z)	Kerze (K)

② Ich kann alle Würfelkombinationen für die Summen 2 und 7 finden.

S. 54/55

③ Ich kann Sätze zu Würfelkombinationen für die Summen 2 und 7 schreiben.

S. 54/55

weniger   die Kombination   häufig   mehr

nie   die Summe   gleich viele   weil   selten

④ Ich kann Preise zuordnen.

S. 56/57

0,30 €
Conference

0,40 €
Rocha

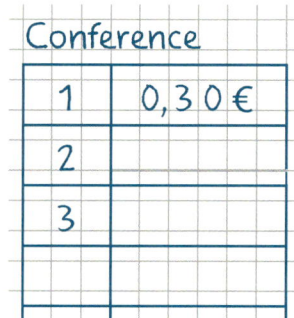

Forscherseite

① Nach dem Fußballspiel verabschieden sich die Kinder mit einem Handschlag.
Wie viele Handschläge sind es bei 11 Kindern?

> **Tipp 1**
> Spiele die Situation mit anderen Kindern nach.

> **Tipp 2**
> Zeichne eine Skizze oder schreibe eine Tabelle, in der die Kinder und die Handschläge zu sehen sind.

> **Tipp 3**
> Überlege dir zuerst, wie viele Handschläge es bei 2, 3, 4 Kindern sind. Was entdeckst du?

Didaktische Information
Anregungen zum Ausprobieren, Knobeln, Forschen und Entdecken mit Anforderungen, die über die der vorherigen Seiten hinausgehen

Schriftliche Addition ohne Übertrag

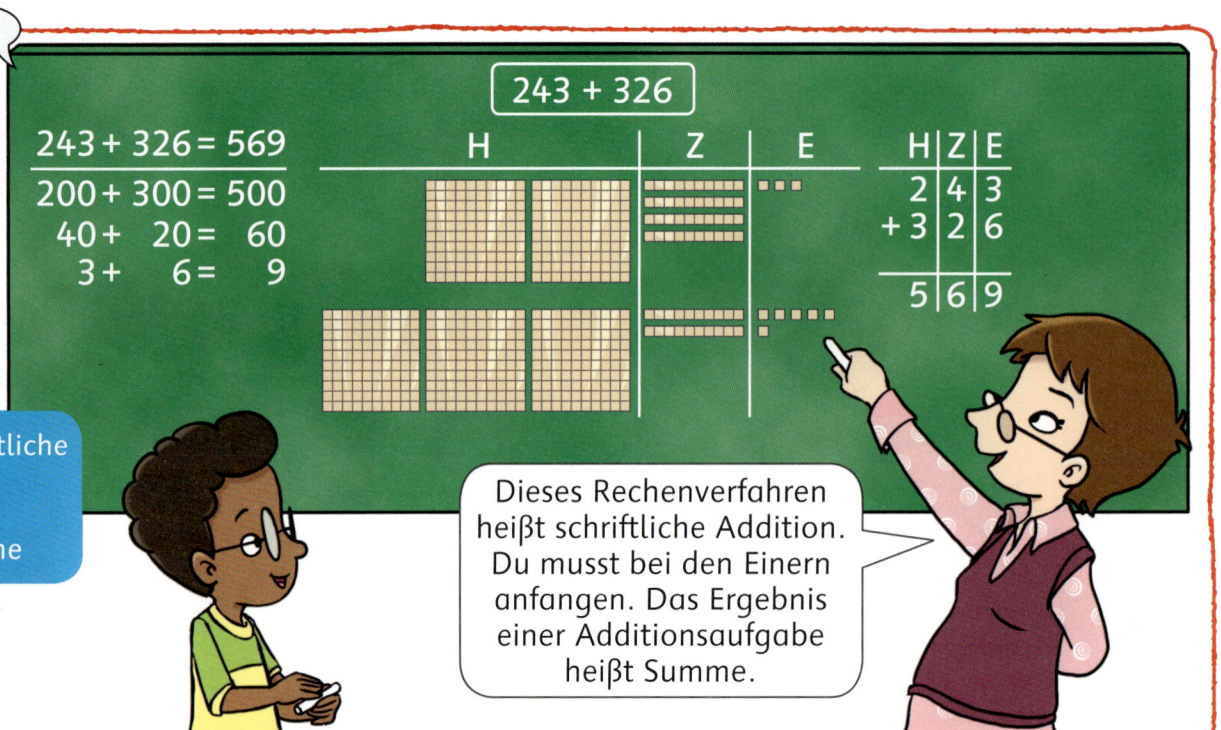

die schriftliche Addition
addieren
die Summe

Dieses Rechenverfahren heißt schriftliche Addition. Du musst bei den Einern anfangen. Das Ergebnis einer Additionsaufgabe heißt Summe.

① Vergleiche. Wie hat Timo gerechnet?
Wie hat Frau Koch gerechnet?

untereinander   der Zehner   der Einer   nebeneinander

addieren   die Summe   der Hunderter

② Addiere schriftlich.

a) 613 + 171   b) 362 + 235   c) 128 + 741

d) 585 + 313   e) 427 + 472   f) 159 + 810

g) 648 + 241   h) 363 + 336   i) 726 + 213

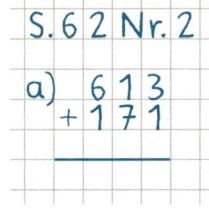

③ Schreibe die richtigen Sätze zur schriftlichen Addition in dein Heft.

Ich fange immer bei den Hundertern an.

Ich schreibe die Zahlen nebeneinander.

Ich rechne immer minus.

Ich fange immer bei den Einern an.

Ich schreibe die Zahlen untereinander.

Das Ergebnis einer Additionsaufgabe heißt Summe.

Schriftliche Addition mit Übertrag

"8 + 7 = 15. Ich wechsle 10 Einer in 1 Zehner. Dann habe ich 5 Einer und 1 Zehner."

438 + 217

"Ich lege den neuen Zehner zu den Zehnern."

438 + 217

"Zuerst musst du die Einer aufschreiben. Dann musst du den neuen Zehner zu den Zehnern schreiben. Diese Zahl heißt Übertrag."

① Addiere schriftlich. Denke an den Übertrag.

a) 267 + 325   b) 584 + 349   c) 647 + 253

d) 364 + 528   e) 486 + 455   f) 198 + 643

g) 685 + 288   h) 339 + 562   i) 678 + 285

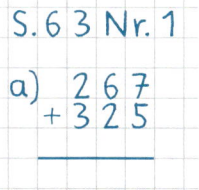

② Schreibe die richtigen Sätze zur schriftlichen Addition in dein Heft.

- Ich schreibe die Einer unter die Zehner.
- Ich kann 10 Einer in 1 Zehner wechseln.
- Ich schreibe die Einer unter die Einer.
- Den Übertrag von den Einern schreibe ich zu den Zehnern.
- Ich kann 10 Zehner in 1 Hunderter wechseln.
- Den Übertrag von den Einern schreibe ich zu den Einern.

▶ AH 43
▶ D 53/54
▶ KV 52

Sprechen
Kinder beschreiben und erklären den Rechenweg und die Notationsweise

Didaktische Information
Die Notation des Rechenweges und des Übertrages sollten gemeinsam erarbeitet werden; Übertrag farblich hervorheben

Schriftliche Addition üben

 1 Welche Aufgaben sind falsch?
Beschreibe den Fehler. Rechne richtig.

a) 503
   +188
   ___1___
    691

b) 378
   +436
   ___1___
    804

c) 699
   + 34
   ___1___
    939

d) 428
   + 75
   __1 1__
    503

e) 256
   +319
   ___1___
    577

| Übertrag vergessen | falsch gerechnet | Einer unter Zehner geschrieben |

 2 Finde immer 3 Additionsaufgaben.

| 215 | 404 | 461 | 388 | 628 | 307 | 189 | 572 | 104 |

a) Die Summe soll größer als 600 sein.

b) Die Summe soll kleiner als 500 sein.

c) Die Summe soll zwischen 500 und 700 sein.

 3 Bilde mit den Zahlenkarten zwei dreistellige Zahlen.
Addiere.

| 1 | 2 | 3 | 4 | 5 | 6 | 7 | 8 | 9 |

a) Die Summe soll zwischen 700 und 800 sein.

b) Die Summe soll möglichst groß sein.

c) Die Summe soll möglichst klein sein.

 d) Vergleiche mit einem Partner.

 4 a) Ich bilde die Summe aus den Zahlen 198, 273 und 364. Wie heißt meine Zahl?

b) Ich verdopple die Zahl 278. Ich rechne schriftlich. Wie heißt meine Zahl?

c) Ich addiere 637 zu der Hälfte von 428. Wie heißt meine Zahl?

5 Welche Aufgaben rechnest du im Kopf?
Welche Aufgaben rechnest du schriftlich?

600 + 350

311 + 569

498 + 473

777 + 222

152 + 702

43 + 220

852 + 69

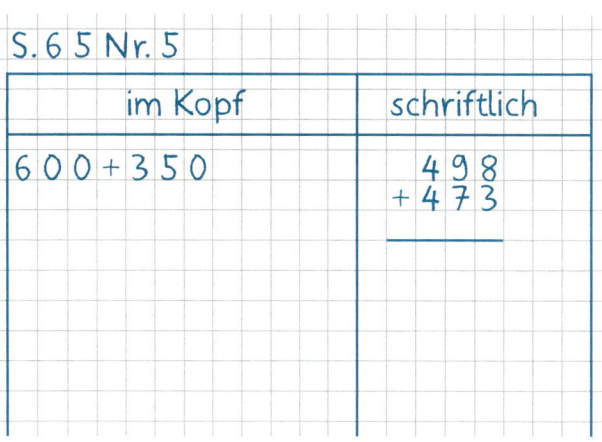

6 Addiere schriftlich.
Der Übertrag kann größer als 1 sein.

a) 259 + 77 + 328
b) 183 + 215 + 91
c) 307 + 124 + 491
d) 99 + 411 + 222
e) 614 + 87 + 101
f) 156 + 253 + 521
g) 409 + 63 + 245
h) 399 + 88 + 111
i) 385 + 274 + 58
j) 47 + 296 + 412

S.65 Nr.6
a) 2 5 9
  +   7 7
  + 3 2 8
      1 2
    6 6 4

7 Rechne. Was fällt dir auf?

a) 316   326   336   346   356   366
  +425   +425   +425   +425   +425   +425

b) 452   453
  +214   +224   +⬜   +⬜   +⬜   +⬜

c) 793   693
  +207   +217   +⬜   +⬜   +⬜   +⬜

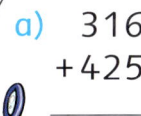 AH 44/45
 D 55/56
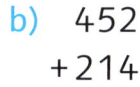 KV 53–56

Sprechen
Zweistellige Zahlen; dreistellige Zahlen; ohne Übertrag, mit Übertrag; Die 1. Zahl, 2. Zahl wird immer um … größer / kleiner / bleibt immer gleich. Das Ergebnis wird immer um … größer / bleibt immer gleich.

Didaktische Information
Beschreiben lassen, woran Kinder erkennen, dass sie die Aufgabe im Kopf rechnen können bzw. schriftlich rechnen müssen

Schriftliche Subtraktion ohne Übertrag – abziehen

die schriftliche Subtraktion
subtrahieren
die Differenz

Dieses Rechenverfahren heißt schriftliche Subtraktion. Du musst mit den Einern anfangen. Das Ergebnis einer Subtraktionsaufgabe heißt Differenz.

① Vergleiche. Wie hat Umut gerechnet? Wie hat Frau Koch gerechnet?

untereinander   der Zehner   der Einer   der Hunderter   nebeneinander

subtrahieren   die Differenz   das Ergebnis

② Subtrahiere schriftlich.

a) 964 – 631   b) 675 – 452   c) 843 – 531

d) 799 – 677   e) 828 – 616   f) 485 – 253

g) 789 – 456   h) 888 – 563   i) 532 – 421

S. 66 Nr. 2
a) 9 6 4
   –6 3 1

③ Schreibe die richtigen Sätze zur schriftlichen Subtraktion in dein Heft.

Ich subtrahiere von unten nach oben.

Das Ergebnis von einer Subtraktionsaufgabe heißt Differenz.

Die größere Zahl steht immer unten.

Die größere Zahl steht immer oben.

Ich subtrahiere von oben nach unten.

Das Ergebnis einer Subtraktionsaufgabe heißt Summe.

Didaktische Information
Abziehverfahren! Die Notation des Rechenweges sollte gemeinsam erarbeitet werden; Begriff Differenz thematisieren

Sprechen
die Differenz
Kinder beschreiben und erklären den Rechenweg und die Notationsweise

▶ AH 46
▶ D 57/58
▶ KV 57

Schriftliche Subtraktion mit Übertrag – abziehen

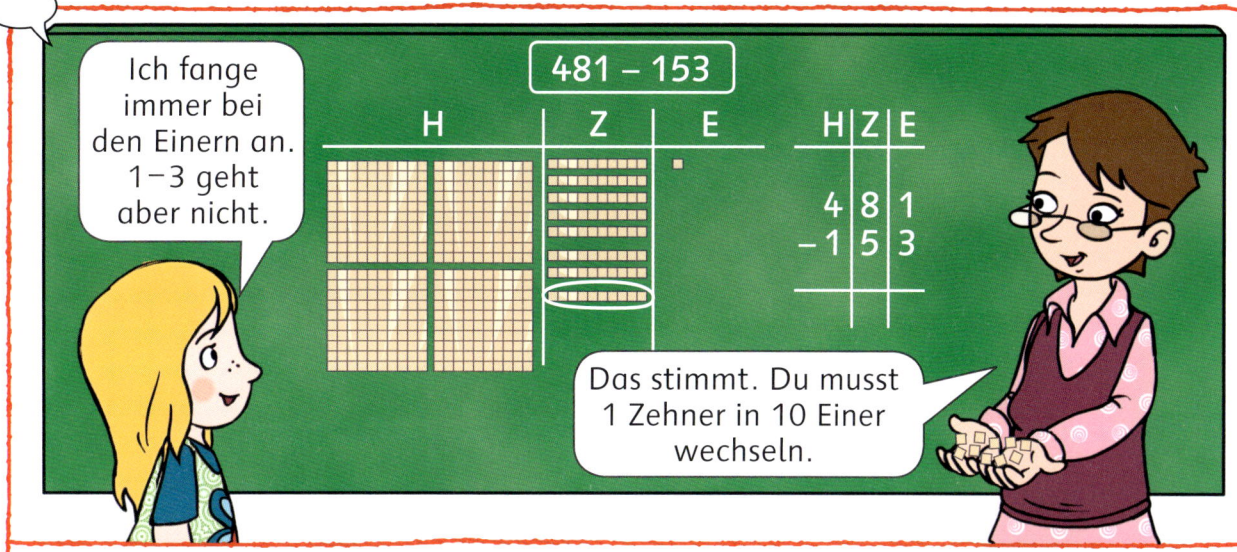

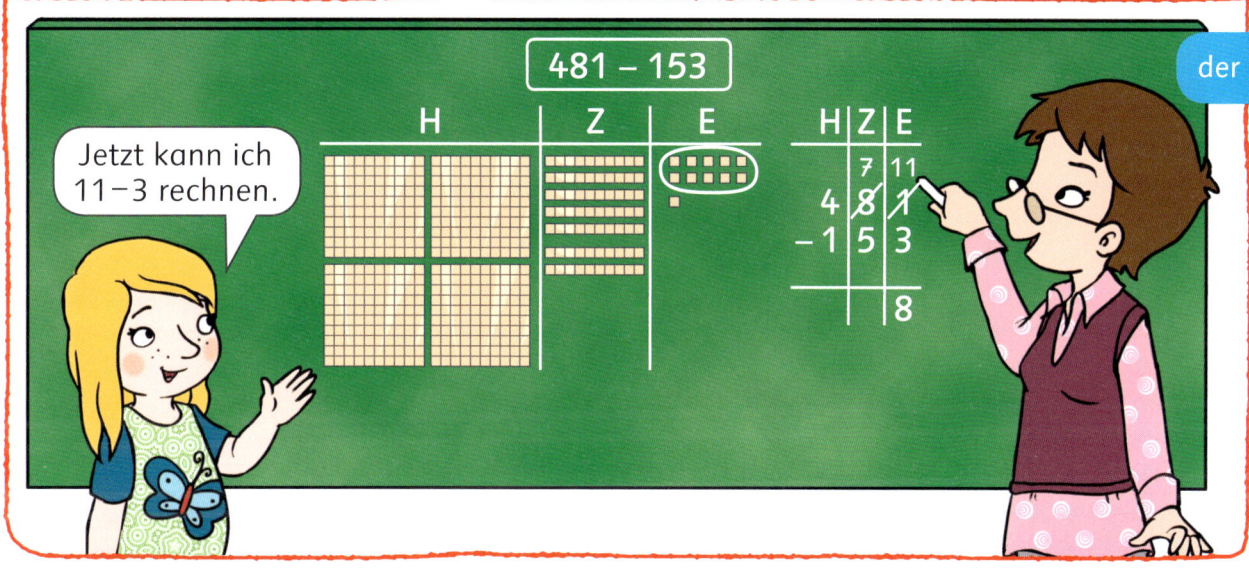

der Übertrag

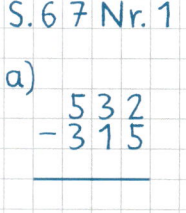

① Subtrahiere schriftlich. Denke an den Übertrag.

a) 532 − 315 b) 876 − 648 c) 638 − 256

d) 719 − 588 e) 938 − 347 f) 847 − 628

g) 544 − 325 h) 947 − 619 i) 606 − 345

S. 67 Nr. 1

a)
```
   5 3 2
 − 3 1 5
```

② Schreibe die richtigen Sätze zur schriftlichen Subtraktion in dein Heft.

- Ich muss immer an 2 Stellen wechseln.
- Ich kann 1 Einer in 10 Zehner wechseln.
- Ich kann 1 Zehner in 10 Einer wechseln.
- Ich kann 1 Hunderter in 10 Einer wechseln.
- Ich kann 1 Hunderter in 10 Zehner wechseln.

▶ AH 47
▶ D 59/60
▶ KV 58

Sprechen
Kinder beschreiben und erklären den Rechenweg und die Notationsweise

Didaktische Information
Abziehverfahren! Die Notation des Rechenweges und des Übertrages sollte gemeinsam erarbeitet werden; Übertrag farblich hervorheben

67

Schriftliche Subtraktion ohne Übertrag – ergänzen

ergänzen

① Subtrahiere durch Ergänzen.

a) 874 – 641
b) 995 – 655
c) 487 – 153

d) 638 – 316
e) 765 – 552
f) 846 – 714

g) 695 – 361
h) 767 – 656
i) 577 – 246

j) Finde eigene Aufgaben und subtrahiere durch Ergänzen.

S.68 Nr.1
a) 874
 – 641

② Rechne die Entdeckerpäckchen durch Ergänzen.

a) 875 – 465
   875 – 466
   ☐ – ☐
   ☐ – ☐

b) 689 – 478
   688 – 477
   ☐ – ☐
   ☐ – ☐

S.68 Nr.2
a) 875   875
 –465   –466

c) 777 – 444
   666 – 333
   ☐ – ☐
   ☐ – ☐

d) 951 – 450
   851 – 350
   ☐ – ☐
   ☐ – ☐

e) 437 – 104
   447 – 114
   ☐ – ☐
   ☐ – ☐

f) 555 – 144
   566 – 133
   ☐ – ☐
   ☐ – ☐

③ Bilde Aufgaben und subtrahiere durch Ergänzen.

865   958   431   114   645   227   642   766   338

68 **Didaktische Information**
Ergänzungsverfahren! Die Notation des Rechenweges sollte gemeinsam erarbeitet werden; Begriff *Differenz* thematisieren

Sprechen
die Differenz
Kinder beschreiben und erklären den Rechenweg und die Notationsweise; *Das Ergebnis ist … . Ich ergänze … .*

▸ AH 48
▸ D 57/58
▸ KV 59

Schriftliche Subtraktion mit Übertrag – ergänzen

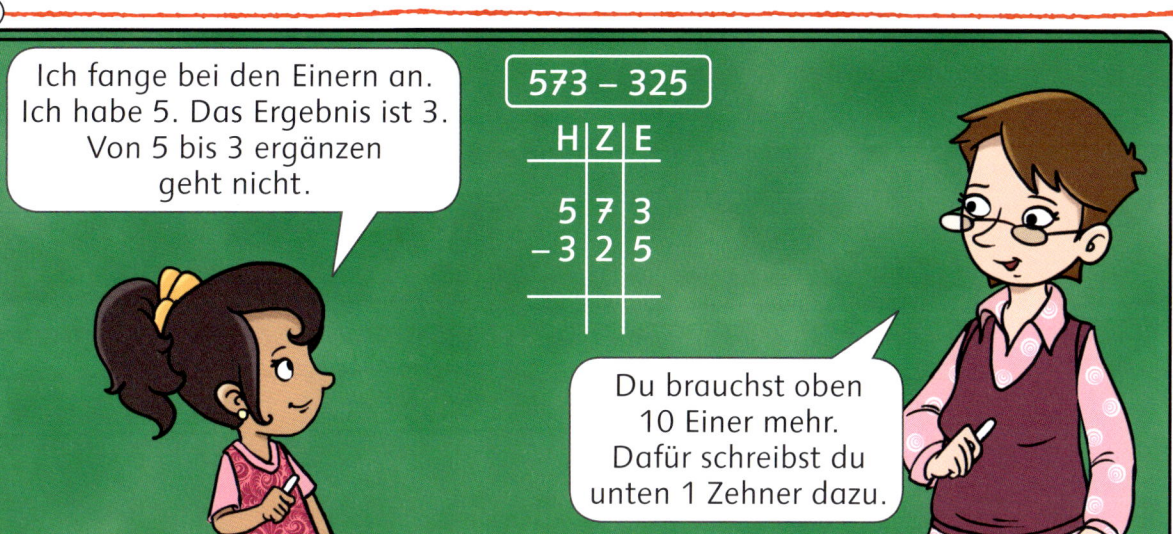

der Übertrag

① Löse die Subtraktionsaufgabe durch Ergänzen.
Denke an den Übertrag.

a) 845 – 563   b) 974 – 656   c) 586 – 327

d) 734 – 456   e) 546 – 318   f) 835 – 646

g) 455 – 166   h) 864 – 587   i) 678 – 489

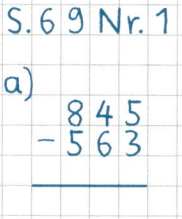

② Rechne schriftlich.

a) 680 – 204   b) 702 – 584   c) 909 – 897

d) 805 – 308   e) 400 – 107   f) 900 – 351

g) 703 – 587   h) 470 – 293   i) 303 – 148

▸ AH 49
▸ D 59/60
▸ KV 60

Sprechen
Kinder beschreiben und erklären den Rechenweg und die Notationsweise

Didaktische Information
Ergänzungsverfahren! Die Notation des Rechenweges und des Übertrages sollte gemeinsam erarbeitet werden; Übertrag farblich hervorheben

Schriftliche Subtraktion üben

1) Welche Aufgaben sind falsch?
Beschreibe den Fehler. Rechne richtig.

a) 847
  −73
  ―――
  117

b) 621
  −235
  ―――
  396

c) 412
  − 83
  ―――
  71

d) 598
  −277
  ―――
  321

e) 738
  −327
  ―――
  469

| Übertrag vergessen | falsch gerechnet | Einer unter Zehner geschrieben |

2) Finde immer 3 Subtraktionsaufgaben.

| 988 | 256 | 381 | 802 | 643 | 127 | 799 | 536 |

a) Die Differenz soll kleiner als 300 sein.

b) Die Differenz soll größer als 400 sein.

c) Die Differenz soll zwischen 100 und 200 sein.

3) Bilde mit den Zahlenkarten zwei dreistellige Zahlen. Subtrahiere.

| 1 | 2 | 3 | 4 | 5 | 6 | 7 | 8 | 9 |

a) Die Differenz soll zwischen 400 und 500 sein.

b) Die Differenz soll möglichst groß sein.

c) Die Differenz soll möglichst klein sein.

d) Vergleiche mit einem Partner.

4)
a) Ich subtrahiere von 611 die Zahl 423. Wie heißt meine Zahl?

b) Ich bilde die Differenz aus 908 und 789. Wie heißt meine Zahl?

c) Ich subtrahiere von 532 das Doppelte von 121. Wie heißt meine Zahl?

5 Welche Aufgaben rechnest du schriftlich?
Welche Aufgaben rechnest du im Kopf?

743 − 559   680 − 340

800 − 550   523 − 484

422 − 210

875 − 299

905 − 718

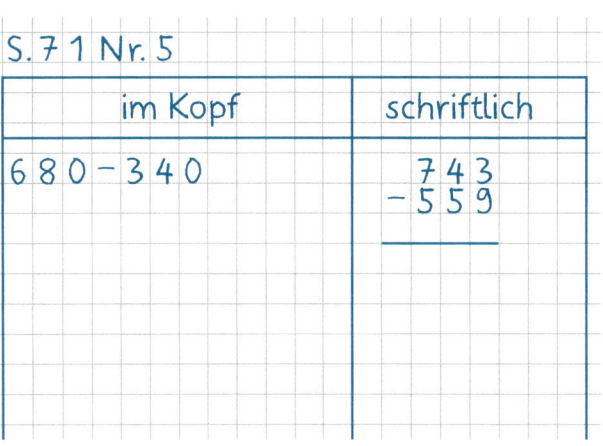

6 Subtrahiere schriftlich.
Kontrolliere mit der Umkehraufgabe.

a) 673 − 132   b) 228 − 59

c) 517 − 358   d) 877 − 206

e) 444 − 278   f) 136 − 68

g) 723 − 374   h) 905 − 688

i) 325 − 63   j) 648 − 479

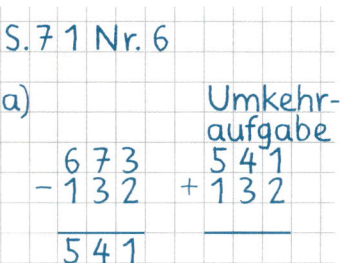

7 Rechne. Was fällt dir auf?

a)
716	726	736	746	756	766
−547	−547	−547	−547	−547	−547

b)
854	855
−337	−347

c)
793	693
−207	−217

▶ AH 50/51
▶ D 61–64

Sprechen
Zweistellige Zahlen; dreistellige Zahlen; ohne Übertrag, mit Übertrag. Die 1. Zahl, 2. Zahl wird immer um … größer/kleiner/bleibt immer gleich. Das Ergebnis wird immer um … größer/bleibt immer gleich.

Didaktische Information
Beschreiben lassen, woran Kinder erkennen, dass sie die Aufgabe im Kopf rechnen können bzw. schriftlich rechnen müssen

Minustürme

① Baue mit den Zahlenkarten einen Minusturm.

a) 1　9　7   b) 6　8　7

c) 9　3　6   d) 2　5　1

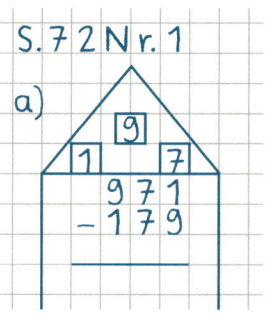

e) Baue eigene Minustürme.

f) Bei welchem Ergebnis enden alle Minustürme?

g) Was fällt dir bei allen Ergebnissen auf? Beschreibe.

- der Hunderter
- der Zehner
- der Einer
- bleibt immer gleich
- wird immer um ____ kleiner
- wird immer um ____ größer
- ab der zweiten Rechnung

h) Vergleiche mit einem Partner.

Didaktische Information
Thematisieren, dass beim Ergebnis 495 Schluss sein muss, weil sonst immer die gleiche Rechnung entsteht (Endlosschleife).

Sprechen
Das Wort *Rechnung* kann durch das Wort *Stock(werk)* ersetzt werden, um die Anlehnung an ein Haus zu verdeutlichen

② Welche Fehler haben die Kinder gemacht?

a)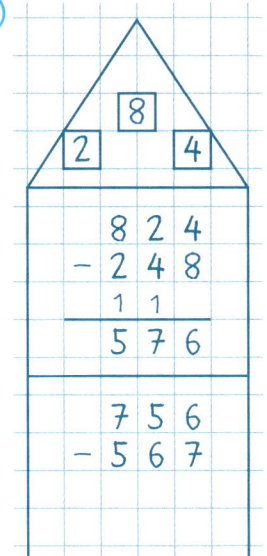

b)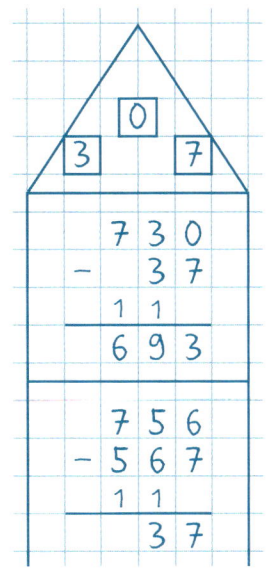

c)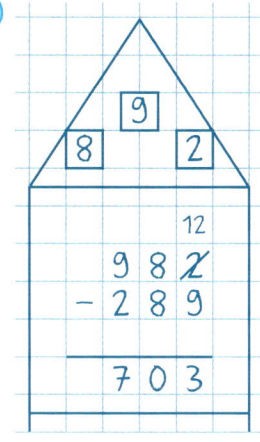

mit der falschen Zahl weiter gerechnet

falsch gerechnet

nicht die größte und die kleinste Zahl gebildet

③ Baue mit diesen Zahlenkarten einen Minusturm.

a) 4 5 6

b) 7 8 9

c) 3 2 1

d) Wie viele Rechnungen haben diese Minustürme?

e) Finde eigene Minustürme, die genauso viele Rechnungen haben.

④ Baue mit diesen Zahlenkarten einen Minusturm.

a) 4 1 6

b) 7 3 2

c) 7 9 4

d) 2 5 7

e) 3 6 8

f) 6 5 1

g) Wie viele Rechnungen haben diese Minustürme?

h) Finde eigene Minustürme, die genauso viele Rechnungen haben.

⑤ Baue Minustürme mit 2, 3 und 4 Rechnungen. Erkläre, wie du vorgegangen bist.

▶ KV 61–63

Sprechen
5 Gefundene Türme nach Anzahl der Rechnungen auf Lernplakaten sammeln, ordnen, Gemeinsamkeiten finden und sie benennen.

Didaktische Information
3 Bei aufeinanderfolgenden Zahlen wird der Turm am höchsten. 4 Der Unterschied zwischen dem Einer und dem Hunderter ist immer 5.

73

Das kann ich schon

① Ich kann ohne Übertrag schriftlich addieren.

S. 62

a) 314 + 542 b) 183 + 415 c) 537 + 252

② Ich kann mit Übertrag schriftlich addieren.

S. 63

a) 238 + 425 b) 546 + 358 c) 199 + 687

③ Ich kann ohne Übertrag schriftlich subtrahieren.

S. 66, 68

a) 875 − 442 b) 759 − 348 c) 963 − 631

④ Ich kann mit Übertrag schriftlich subtrahieren.

S. 67, 69

a) 657 − 279 b) 901 − 247 c) 514 − 348

⑤ Ich kann Zahlenrätsel lösen.

S. 64, 70

a) Ich halbiere die Zahl 840 und addiere 218. Wie heißt meine Zahl?

b) Ich bilde die Differenz aus den Zahlen 918 und 379. Wie heißt meine Zahl?

⑥ Ich kann unterscheiden, welche Aufgaben ich im Kopf und welche ich schriftlich rechne.

S. 65, 71

a) 350 + 500 b) 376 + 444 c) 247 + 400

d) 817 − 450 e) 850 − 150 f) 442 − 175

Forscherseite

1 Finde heraus, welche Zahlen es sind.

a)
```
   P A A R
 + P A A R
     M M
  ─────────
   V I E R
```

b)
```
   H A U S
 + H A U S
       S
  ─────────
   S T A D T
```

Jeder Buchstabe oder jede Form steht für eine bestimmte Zahl. Manchmal gibt es mehrere Möglichkeiten.

c)
```
   ○ □ △
 + □ □ △
       □
  ─────────
   ◇ □ □
```

2 Bei diesen Rechnungen fehlen die Überträge.

a)
```
   F Ü N F
 +   S Ü F
 +     S F
  ─────────
   N Ü S F
```

b)
```
   E M I L
 –   L I L
  ─────────
     E M M
```

c)
```
   □ ○ □ △
 + □ ○ □ △
  ─────────
   ▱ ◇ △ ○ ▯
```

d)
```
   S E N D
 + M O R E
  ─────────
   M O N E Y
```

e)
```
   A U T O
 + U O Z I
  ─────────
   L E U M P
```

f)
```
   G A U S S
 + R I E S E
  ─────────
   E U K L I D
```

75

Münzen und Scheine

"Das ist der gleiche Geldbetrag."

der Geldbetrag

① Lege den Geldbetrag mit Scheinen.
Finde verschiedene Möglichkeiten.

a) 200 €   b) 300 €   c) 500 €   d) 150 €   e) 1000 €

② Lege den Geldbetrag mit möglichst wenig Euro-Münzen und Scheinen.

 a) 285 €   b) 362 €   c) 514 €   d) 143 €   e) 999 €

③ Überprüfe. Schreibe die richtigen Sätze auf.

Matteo

 Lisa

Milan

Matteo hat mit vielen Scheinen einen kleinen Geldbetrag gelegt.

Matteo hat mit wenigen Scheinen einen großen Geldbetrag gelegt.

Lisa hat mit vielen Scheinen einen kleinen Geldbetrag gelegt.

Lisa hat mit wenigen Scheinen einen großen Geldbetrag gelegt.

Milan hat mit den wenigsten Scheinen den größten Geldbetrag gelegt.

Milan hat mit den wenigsten Scheinen einen Geldbetrag gelegt.

Euro und Cent

Das sind 130 Cent.

Das sind 1 Euro und 30 Cent.

Das Komma trennt Euro und Cent.
Ein Euro hat 100 Cent.
1 € = 100 ct

①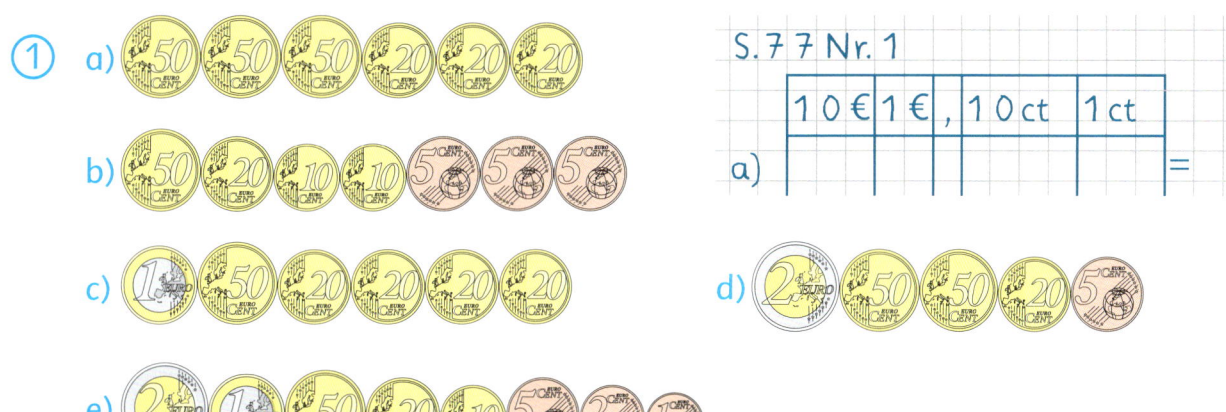

S. 77 Nr. 1

10 €	1 €	,	10 ct	1 ct
a)				=

② Rechne in Euro um.
Schreibe als Kommazahl.

a) 114 ct b) 109 ct c) 85 ct
   258 ct   203 ct   8 ct
   175 ct   210 ct   1000 ct

S. 77 Nr. 2
a) 1 1 4 ct = 1,1 4 €

③ Finde Gegenstände für die Plakate.

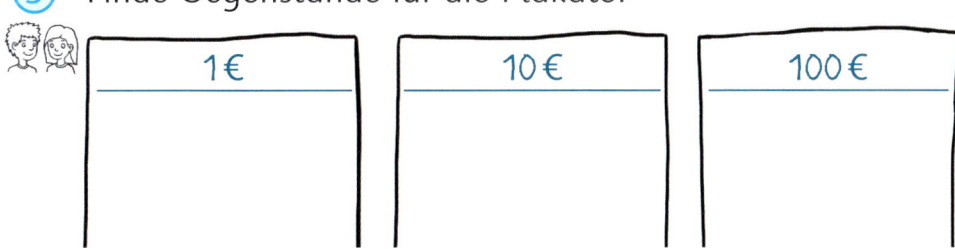

1 €   10 €   100 €

▶ AH 53/54
▶ D 67/68

Sprechen
Die Sprechweise bei Geldbeträgen in dieser Höhe ist:
Das sind 1 Euro und 30 Cent.

Didaktische Information
Einführung der Kommaschreibweise bei Geld;
Medienrecherche und Lernplakat

77

Überschlag

der Überschlag
überschlagen

① Wie viel Euro musst du ungefähr bezahlen? Rechne einen Überschlag.

a) Umut möchte einen Hockeyschläger und eine Dart-Scheibe kaufen.

b) Dilara möchte zwei Pferdeleinen und ein Springseil kaufen.

c) Natalia möchte 6 Hockeyschläger kaufen.

d) Was möchtest du kaufen?

```
S. 78 Nr. 1
a) 1 2 € + 2 6 € =
```

② Reicht das Geld?
Rechne einen Überschlag und schreibe einen Antwortsatz.

a) Timo hat 50 €. Er möchte einen Lederball und ein Springseil kaufen.

b) Matteo und Milan möchten Dart spielen. Sie haben 30 €.

c) Emira hat 15 €. Sie möchte eine Pferdeleine und 2 Springseile kaufen.

③ a) Wie viele Hockeyschläger kannst du für 50 € kaufen?

b) Du hast 50 €.
Du musst mindestens einen Hockeyschläger und ein Springseil kaufen.
Welche Möglichkeiten hast du?

Didaktische Information
Der Überschlag entspricht nicht dem Runden. Es wird eine günstige Zahl in der Nähe des Preises gesucht, mit dem leicht gerechnet werden kann. Der Fachbegriff *ungefähr* wird in diesem Schuljahr noch ohne das Symbol verwandt.

Sprechen
Überschlag ist ein Fachbegriff, der in der Mathematik eine andere Bedeutung hat als im Sport.
ungefähr ist ein Fachbegriff, der dem Gebrauch in der Alltagssprache entspricht.

▶ AH 55/56
▶ D 69/70
▶ KV 70

④ Reicht das Geld?
Rechne nur einen Überschlag.

a)  Momo möchte mit seiner Mutter und seinem Freund Pizza essen. Jeder isst eine kleine Pizza.

b) Mia möchte mit drei Freundinnen Pizza essen. Jeder isst eine mittlere Pizza.

c) Timo möchte mit einem Freund und seinem Vater Pizza essen. Sie bestellen zwei große Pizzen.

S. 79 Nr. 4
a) 3 · 9 € =
Ja, das Geld reicht.

⑤ Emira und ihre Freundin möchten Pizza essen.

a) Was können Emira und ihre Freundin kaufen? Was überlegen sie?

b) Vergleiche mit einem Partner.

⑥ a)

Ein Salat kostet ☐.

Ein Nachtisch kostet ☐.

b)

Ein Brötchen kostet ☐.

Ein Getränk kostet ☐.

▶AH 55/56

Sprechen
Der Plural von *Pizza* ist *Pizzen*.

Didaktische Information
Es sollte angeregt werden, dass die Kinder auch Aufgaben mit multiplikativen Strukturen entwickeln.

Rechnen mit Geld

1 Lisa bekommt in jeder Woche 5 € Taschengeld.
2 € gibt sie aus, 3 € spart sie.
Nach wie vielen Wochen kann sie ein Spiel für 10 € kaufen?

2 Lisa und Timo möchten 1 ct-Münzen sammeln.
Sie fragen in Geschäften und bekommen immer neue Münzen.
Lisa bekommt am Montag eine Münze,
am Dienstag bekommt sie 2 Münzen dazu,
am Mittwoch bekommt sie 3 Münzen dazu.
So geht es weiter bis zum Samstag.

Timo bekommt am Montag eine Münze,
am Dienstag bekommt er doppelt so viele Münzen dazu,
am Mittwoch bekommt er doppelt so viele Münzen wie am Dienstag dazu.
So geht es weiter bis zum Samstag.

a) Wie viele Münzen hat Lisa insgesamt?

b) Wie viele Münzen hat Timo insgesamt?

c) Ab welchem Wochentag hat Timo mehr als doppelt so viele Münzen wie Lisa?

d) Erklärt euch gegenseitig, wie ihr zur Lösung gekommen seid.

3

a) Finde eine Rechenaufgabe zu dem Bild.

b) Schreibe eine Rechengeschichte dazu.

c) Vergleiche mit einem Partner.

④ Plant ein Frühstück in eurer Klasse.

a) Was möchtet ihr essen? Schreibt eine Liste.

b) Wie viel braucht ihr von jedem Lebensmittel? Schätzt.

c) Wie viel kostet jedes Lebensmittel?

d) Wie viel kostet das Frühstück insgesamt?

e) Wie viel Euro muss jeder bezahlen?

⑤ Die ganze Schule möchte frühstücken.

a) Schätze. Wie viel braucht die Schule von jedem Lebensmittel?

b) Schätze. Wie viel Euro kostet es insgesamt?

⑥ a) Was hast du in einer Woche gefrühstückt?

b) Berechne den Preis.

c) Vergleiche mit einem Partner.

⑦ Frage deine Eltern oder deine Großeltern.

a) Was haben deine Eltern früher gefrühstückt?
Was haben deine Großeltern früher gefrühstückt?
Was hat es gekostet?

b) Vergleiche mit einem Partner.

Didaktische Information
Offene Situation, reale Preise aus Geschäften
recherchieren lassen oder Prospekte bereitstellen.

Das kann ich schon

1 Ich kann Geldbeträge mit Scheinen legen.

S. 76

a) 400 € b) 650 € c) 205 € d) 1000 €

2 Ich kann Geldbeträge mit möglichst wenig Euro-Münzen und Scheinen legen.

S. 76

a) 172 € b) 316 € c) 403 € d) 984 €

3 Ich kann Geldbeträge bestimmen und als Kommazahl schreiben.

S. 77

a)

b)

c)

4 Ich kann in Euro umrechnen und als Kommazahl schreiben.

S. 77

a) 225 ct b) 610 ct c) 71 ct d) 5 ct
709 ct 999 ct 90 ct 1000 ct

5 Ich kann einen Überschlag rechnen.

S. 79

2,30 €   8,60 €   70 ct

Reicht das Geld?

a)  Matteo möchte eine Pizza und ein Getränk kaufen.

b)  Lisa möchte ein Getränk, eine Pizza und einen Muffin kaufen.

c) Timo möchte mit seinem Freund Pizza essen.

82 **Didaktische Information**
Aufgaben zur Selbstüberprüfung und Selbsteinschätzung

Forscherseite

Schweden

Hauptstadt: Stockholm
Sprache: Schwedisch
Währung: Schwedische Krone kr
1 Krone = 100 Öre
Einwohner: 9,51 Millionen
Fläche: 450.295 km²

① Suche weitere Informationen über das Land.

② Was möchtest du kaufen?
9 schwedische Kronen sind ungefähr 1 €.
Rechne den Preis in Euro um.

Wörterbuch	
Schwedisch	**Deutsch**
mjölk	Milch
potatis	Kartoffel
bröd	Brot
minibaguette	Baguette
mineralvatten	Mineralwasser
choklad	Schokolade
potatischips	Kartoffelchips
köttbullar	Hackbällchen
vattenmelon	Wassermelone

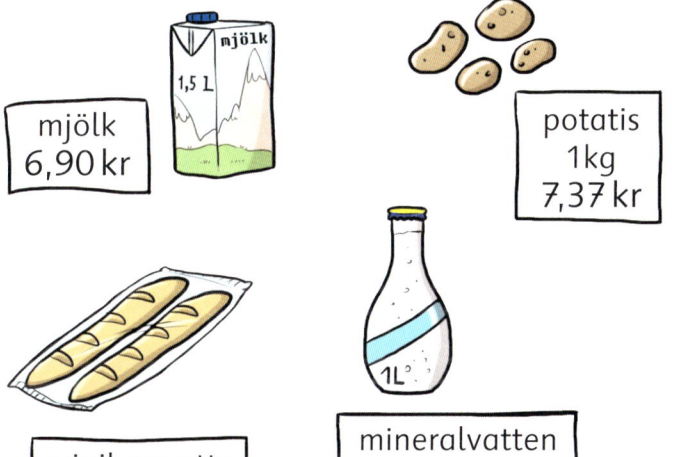

mjölk 6,90 kr

potatis 1 kg 7,37 kr

minibaguette 12,98 kr

mineralvatten 1,99 kr

bröd 15,58 kr

choklad 18,90 kr

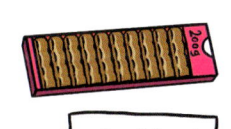

potatischips 17,50 kr

vattenmelon 1 kg 19,55 kr

köttbullar 22,90 kr

③ Es gibt in Schweden seit 2010 keine Öre-Münzen mehr.
Überlege, wie die Schweden das Problem gelöst haben.

④ Finde ein anderes Land, das eine andere Währung hat.
Finde Informationen über dieses Land.

Symmetrische Figuren

die Spiegelachse
symmetrisch
die Symmetrieachse
der Eckpunkt

① Zeichne die Figur und die Symmetrieachse.
Zeichne zuerst die Eckpunkte.
Zeichne dann die symmetrische Figur.

a) 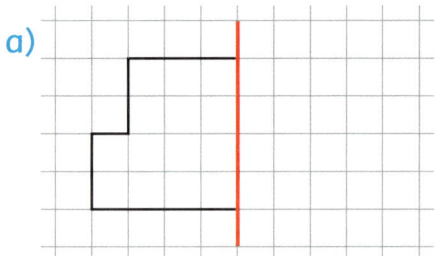   b) 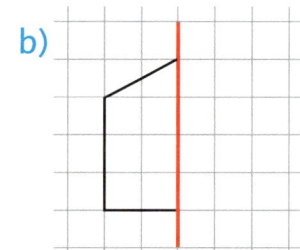   c)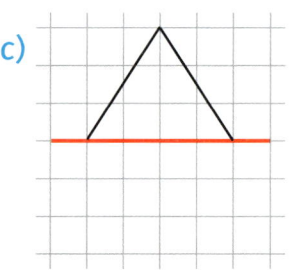

② Ist die Figur symmetrisch?
Überprüfe und erkläre einem Partner.

a) 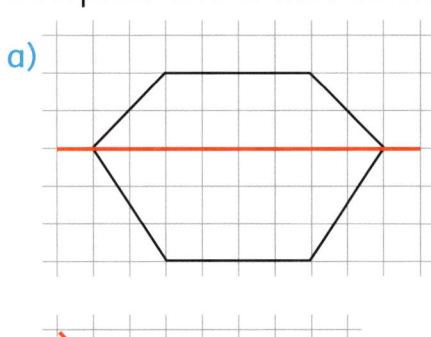   b) 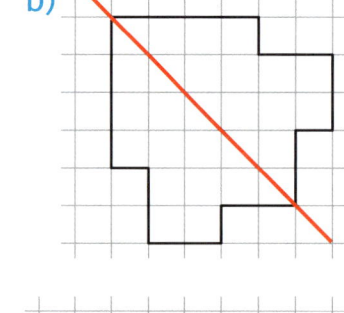   c)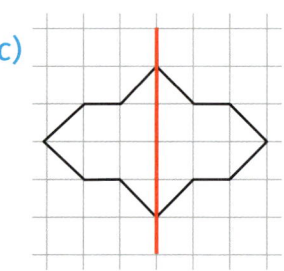

d) 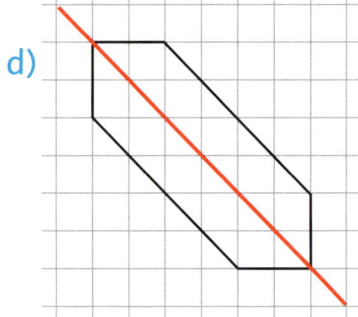   e) 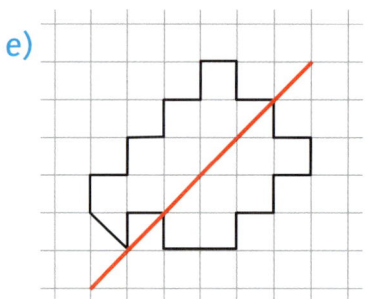   f)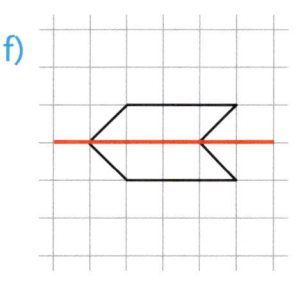

Didaktische Information
Zeichnen mit Lineal
Wege und Strategien zum Finden der Eckpunkte
besprechen

Sprechen
Ich finde die Eckpunkte …
Der Abstand von der Symmetrieachse ist …
Die Figur ist symmetrisch …

▶AH 58
▶D 73/74
▶KV 72

③ a) Zeichne die Vierecke.
Zeichne dann die Symmetrieachsen in die Figur.

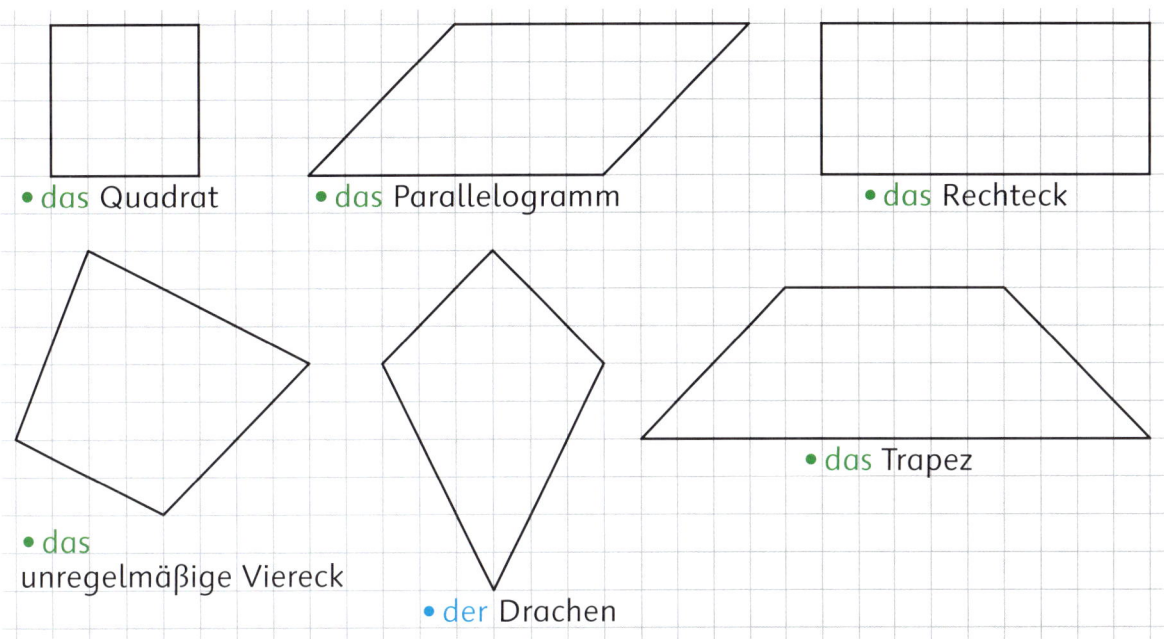

- das Quadrat
- das Parallelogramm
- das Rechteck
- das unregelmäßige Viereck
- der Drachen
- das Trapez

b) Wie viele Symmetrieachsen haben die Vierecke?
Schreibe in eine Tabelle.
Beginne mit den meisten Symmetrieachsen.

④ Zeichne das Viereck.
Zeichne das Spiegelbild dazu.

a) 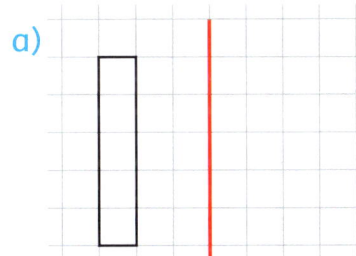   b) 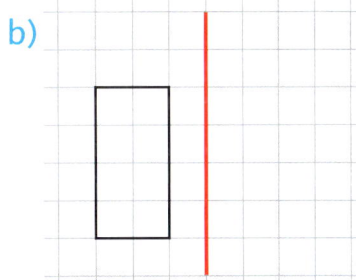   c)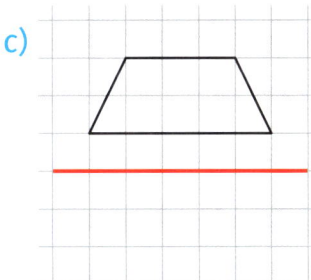

⑤ Hat Timo richtig gespiegelt? Begründe.

a) 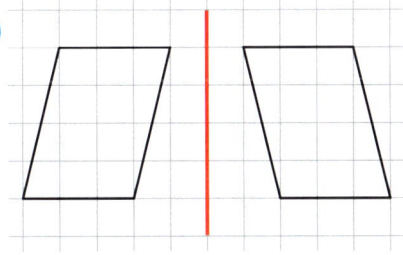      b)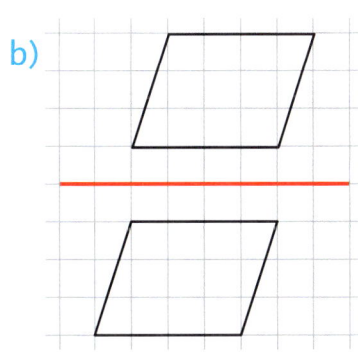

▶AH 59
▶D 75/76
▶KV 72–75

Sprechen
Das Viereck hat ... Symmetrieachsen.
Die Vierecke sind zueinander symmetrisch.
Der Abstand zur Symmetrieachse ist gleich.

Didaktische Information
Unterschied Lage der Symmetrieachse thematisieren, innerhalb einer Figur und bei zwei zueinander symmetrischen Figuren

Parkettierung (1)

"Ich entwerfe Musterkarten."

"Ich lege ein großes Muster."

① a) Entwirf eine Musterkarte.

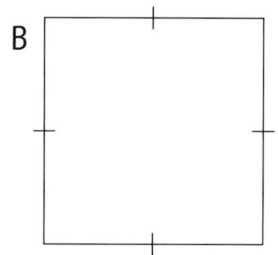

A   B

b) Male deine Musterkarte 6 mal.

c) Lege mit allen Musterkarten ein großes Muster.

d) Lege verschiedene Muster.

e) Klebe dein schönstes Muster auf ein Plakat. Macht eine Ausstellung.

② Beschreibe das Muster.

③ a) Wähle eine Musterkarte aus.

b) Male die Musterkarte 6 mal.

c) Lege ein Muster.

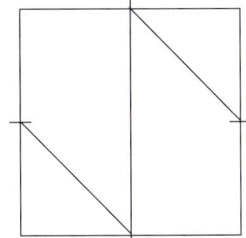   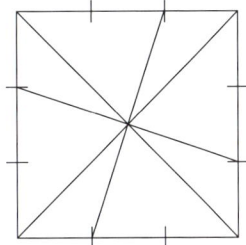

 d) Lege ein anderes Muster.
   Macht eine Ausstellung.

④ Welche Sätze passen zum Muster?
Schreibe die richtigen Sätze auf.

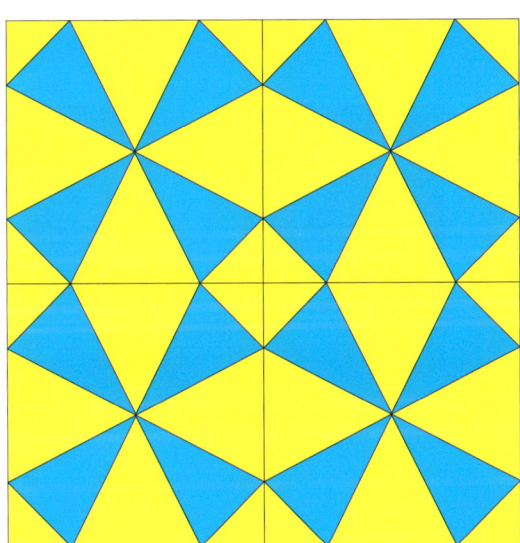

Eine Musterkarte hat 4 Symmetrieachsen.

Ich kann kein anderes Muster mit diesen Musterkarten legen.

Ich kann verschiedene Muster mit diesen Musterkarten legen.

Das Muster ist gelb und grün.

⑤ Lege mit zwei zueinander symmetrischen Musterkarten ein Muster.

a) Male eine Musterkarte 3 mal.

b) Male die dazu symmetrische Musterkarte 3 mal.

c) Präsentiere dein Muster auf einem Plakat.

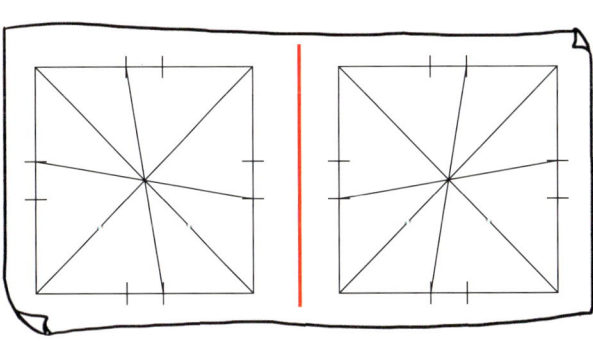

Parkettierung (2)

die Ausgangsfigur spiegeln verschieben

① a) Nimm 3 Papierstreifen und 2 verschiedenfarbige Pappen.
Erstelle eine Schablone für ein Dreieck.
Dein Dreieck darf keinen rechten Winkel haben.
Überprüfe mit dem Faltwinkel.

1.    2.    3.    4.

b) Lege mit den Dreiecken eigene Muster.

c) Klebe ein Muster für eine Musterausstellung auf.

② a) Zeichne das Muster in dein Heft.
Markiere die Ausgangsfigur.

b) Zeichne die Symmetrieachsen ein.

c) Schreibe die richtigen Sätze auf.

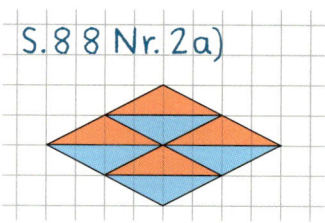

S. 88 Nr. 2 a)

Die Ausgangsfigur ist gespiegelt.

Die Ausgangsfigur ist verschoben.

Zwei Dreiecke ergeben zusammen ein Parallelogramm.

Zwei Dreiecke ergeben zusammen ein Quadrat.

③ a) Überprüfe Emiras Idee.

b) Erstelle eine Schablone.

c) Lege ein Muster mit unregelmäßigen Vierecken.

d) Macht eine Musterausstellung.

Ich kann auch mit jedem unregelmäßigen Viereck ein Muster legen.

④ Suche Muster in deiner Umgebung.

⑤ a) Markiere die Ausgangsfigur.

b) Zeichne das Muster weiter und male es aus.

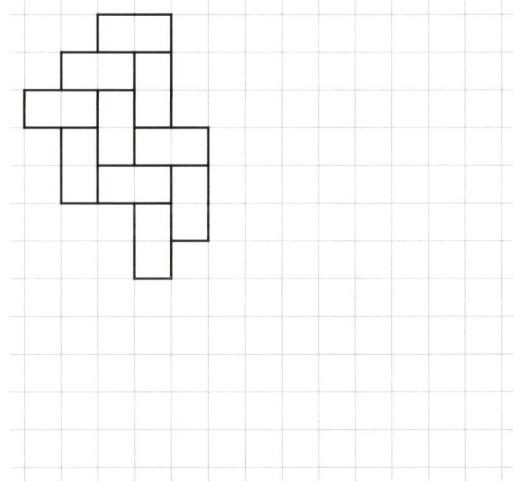
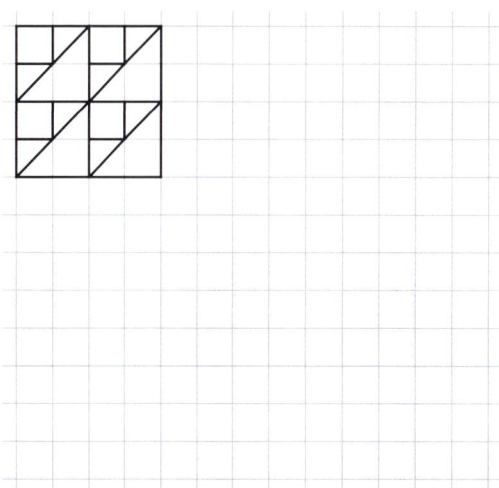

⑥ Lege ein Muster mit 2 verschiedenen Formen.

a) Falte und schneide Quadrate, Rechtecke oder Dreiecke.

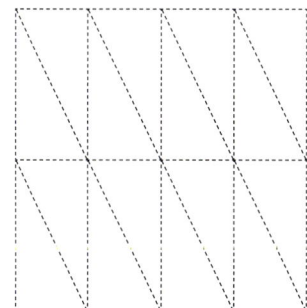

b) Zeichne das Muster und markiere die Ausgangsfigur.

Das kann ich schon

① Ich kann Spiegelbilder zeichnen.

S.84/85   a)    b) 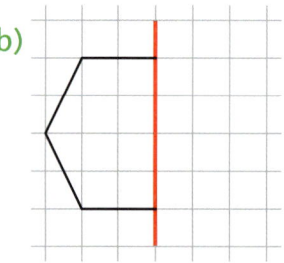   c)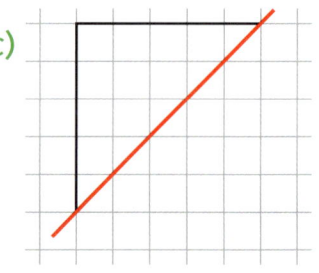

② Ich kann symmetrische und nicht symmetrische Figuren unterscheiden.

S.84/85   a) 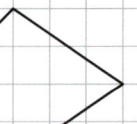   b) 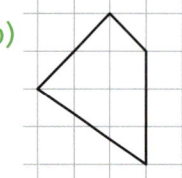   c) 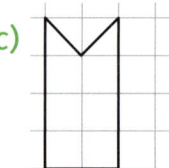   d)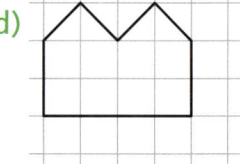

③ Ich kann eine Musterkarte erstellen und damit ein Muster legen.

S.86/87   a) 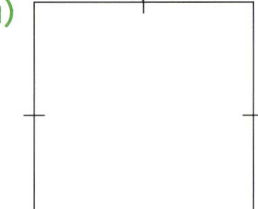   b)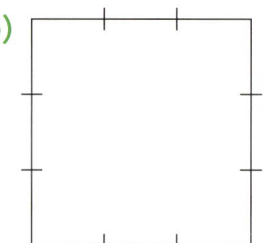

④ Ich kann die Ausgangsfiguren erkennen und damit ein Muster beschreiben.

S.88/89   a)    b)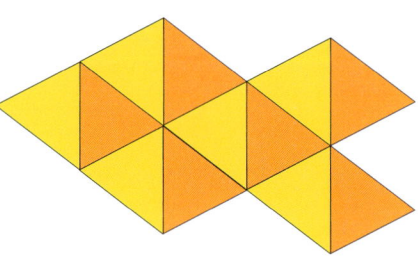

⑤ Ich kann mit einer Ausgangsfigur ein Muster legen und zeichnen.

S.88/89   a)    b)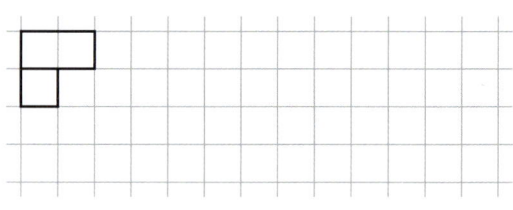

Forscherseite

„Ich mache eine Musterschablone."

① Wie hat Emira ihre Musterschablone gemacht? Erkläre.

② Erstelle eine eigene Musterschablone aus quadratischer Pappe. Lege ein zweifarbiges Muster.

③ Überprüfe, welche Sätze zum Muster passen.

- Alle Formen sind gleich.
- Die Ausgangsfigur ist ein Rechteck.
- Die Formen liegen ineinander.
- Die Ausgangsfigur ist ein Quadrat.

④ Aus welcher geometrischen Form kannst du dieses Muster erstellen?

⑤ Erstelle eine Musterschablone aus einem Dreieck und lege Muster.

Didaktische Information
Anregungen zum Ausprobieren, Knobeln, Forschen und Entdecken mit Anforderungen, die über die der vorherigen Seiten hinausgehen

Mal-Plus-Häuser

addieren
multiplizieren

Zuerst multipliziere ich im Keller. Dann addiere ich in der Wohnung.

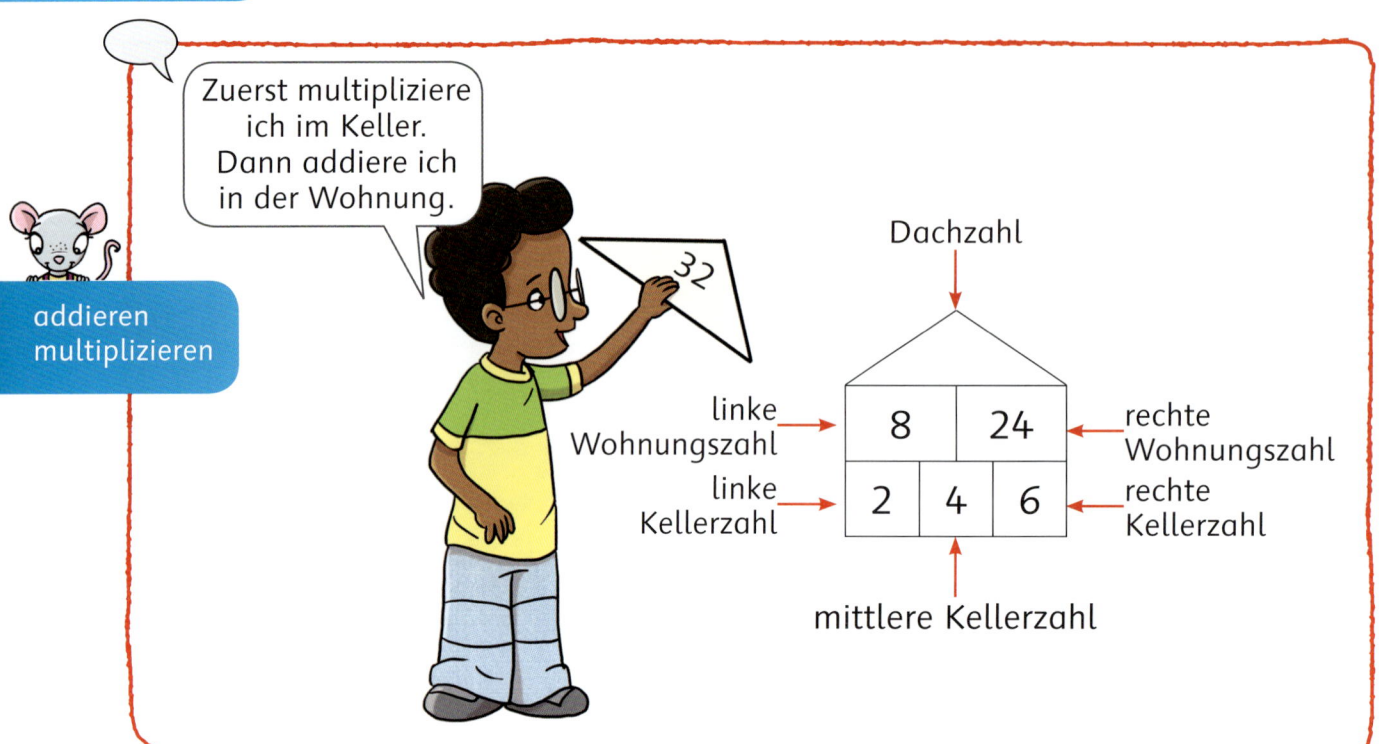

① Rechne die Mal-Plus-Häuser.

a) 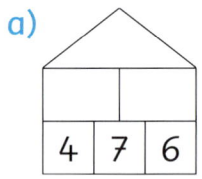 4 7 6
b) 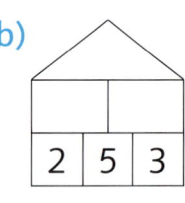 2 5 3
c) 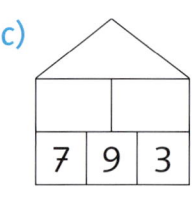 7 9 3
d) 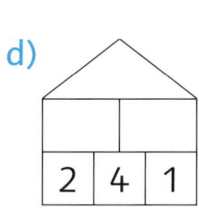 2 4 1

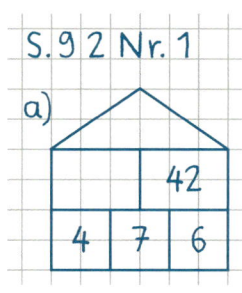
S. 92 Nr. 1
a) 42 / 4 7 6

e) Finde eigene Mal-Plus-Häuser.

②
a) 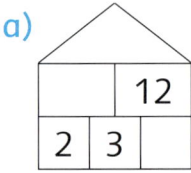 12 / 2 3
b) 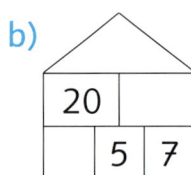 20 / 5 7
c) 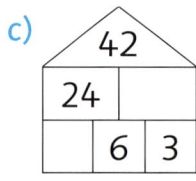 42 / 24 / 6 3
d) 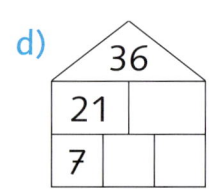 36 / 21 / 7
e) 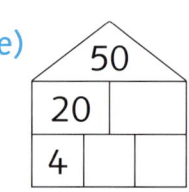 50 / 20 / 4

f) 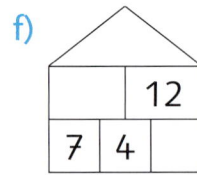 12 / 7 4
g) 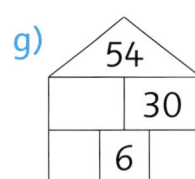 54 / 30 / 6
h) 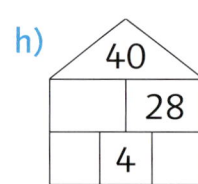 40 / 28 / 4
i) 33 / 27 / 3
j) 24 / 6 8

③ Schreibe die Zahlen an die richtige Stelle in einem Mal-Plus-Haus.

a) 7 | 21 | 3 | 35 | 2 | 14   b) 72 | 8 | 48 | 24 | 6 | 3

c) 9 | 5 | 5 | 1 | 45 | 50   d) 66 | 4 | 42 | 6 | 24 | 7

④ a) Was passiert mit der Dachzahl, wenn die linke und die rechte Kellerzahl vertauscht werden?

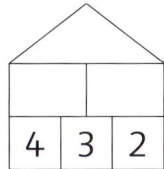 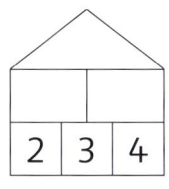

| die Dachzahl |

| bleibt immer gleich. |

b) Was passiert mit der Dachzahl, wenn die linke Kellerzahl um 1 größer wird?

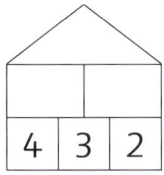 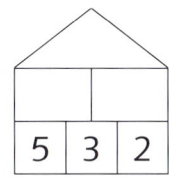 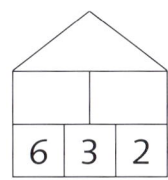 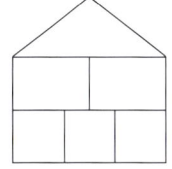

| die Einmaleins-reihe |

| wird um ___ größer. |

c) Was passiert mit der Dachzahl, wenn die rechte Kellerzahl um 1 größer wird?

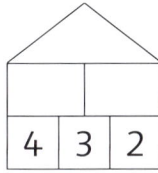 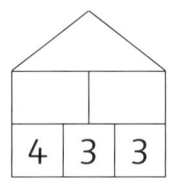 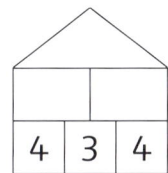 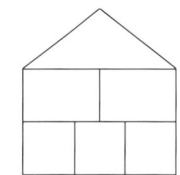

| die mittlere Kellerzahl |

⑤ a) Addiere die linke und die rechte Kellerzahl. Was entdeckst du, wenn du die Dachzahl durch diese Zahl teilst?

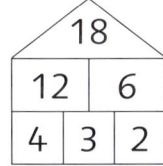

b) Überprüfe deine Entdeckung an weiteren Mal-Plus-Häusern.

⑥ a) Finde ein Haus mit der Dachzahl 35 und der mittleren Kellerzahl 5.

 b) Vergleiche mit einem Partner.

⑦ a) Finde mehrere Häuser mit der Dachzahl 36 und der mittleren Kellerzahl 6.

 b) Vergleiche mit einem Partner.

▶ AH 64/65
▶ D 81/82
▶ KV 80–83

Sprechen
Die Dachzahl bleibt gleich.
Die Dachzahl wird immer um … größer.

Didaktische Information
Die Seite sollte nach der Erarbeitung zusammen besprochen werden; Aufgaben auf Zetteln lösen, die an die Tafel gehängt werden können.

Vielfache

Die Ergebnisse der Dreierreihe sind Vielfache von 3.

18 ist ein Vielfaches von 3.

18 ist das Sechsfache von 3, denn 6·3 ist 18.

das Vielfache

① Finde die Fehler.
Schreibe die Vielfachen richtig auf.

Vielfache von 3	Vielfache von 6	Vielfache von 9
3 6 12 17 15 10 24 27 30 21	54 42 60 6 47 12 19 24 30 36	9 18 64 27 36 45 90 54 82 74

S. 94 Nr. 1
a) Vielfache von 3:
3, 6, 9,

② Vervollständige die Sätze.
a) 45 ist ein Vielfaches von 5, denn ____ ist 45.
b) 42 ist ein Vielfaches von 7, denn ____ ist 42.
c) ____ ist ein Vielfaches von ____, denn 8·7 ist 56.
d) ____ ist ein Vielfaches von ____, denn 4·6 ist 24.

S. 94 Nr. 2
a) 45 ist ein Vielfaches von 5, denn
9 · 5 ist 45.

③ a) Ich denke mir eine Zahl.
Die Zahl ist ein Vielfaches von 6.
Die Zahl liegt zwischen 32 und 40.

b) Ich denke mir eine Zahl.
Sie ist ein Vielfaches von 5 und 10 und liegt zwischen 41 und 51.

c) Ich denke mir eine Zahl.
Sie ist ein Vielfaches von 4, 5 und 8 und ist kleiner als 50.

Teiler

18 : 1 = 18
18 : 2 = 9
18 : 3 = 6
18 : 6 = 3
18 : 9 = 2
18 : 18 = 1

 Ich kann 18 durch 1, 2, 3, 6, 9 und 18 teilen.

 1, 2, 3, 6, 9 und 18 sind Teiler von 18.

 der Teiler

① Finde alle Geteiltaufgaben. Markiere die Teiler.
a) 6   b) 15   c) 10   d) 24   e) 12

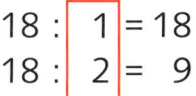

② Schreibe alle Teiler auf. Was entdeckst du?
a) Teiler von 12   b) Teiler von 20
   Teiler von 24   Teiler von 40

gleiche Teiler   das Doppelte   die Hälfte

③
a)  Ich denke mir eine Zahl. Sie liegt zwischen 40 und 50. Der Teiler ist 5.

b)  Ich denke mir eine Zahl. Sie liegt zwischen 20 und 30 und hat die Teiler 4 und 6.

  6 ist kein Teiler von 25.

  6 ist ein Teiler von 24.

Einmaleinsreihen

①

1	2	3	4	5	6	7	8	9	10
11	12	13	14	15	16	17	18	19	20
21	22	23	24	25	26	27	28	29	30
31	32	33	34	35	36	37	38	39	40
41	42	43	44	45	46	47	48	49	50

a) Markiere in deiner Hundertertafel alle Vielfachen von △2, □4 und ○8.
Was entdeckst du?

b) Richtig oder falsch?
Überprüfe mit deiner Hundertertafel. Schreibe die richtigen Sätze auf.

Jedes Vielfache von 2 ist auch ein Vielfaches von 4.

Jedes Vielfache von 4 ist auch ein Vielfaches von 2.

Jedes Vielfache von 8 ist auch ein Vielfaches von 2.

Jedes Vielfache von 2 ist auch ein Vielfaches von 8.

Jedes Vielfache von 4 ist auch ein Vielfaches von 8.

Jedes Vielfache von 2 ist eine gerade Zahl.

44 ist das Elffache von 4.

②

1	2	3	4	5	6	7	8	9	10
11	12	13	14	15	16	17	18	19	20
21	22	23	24	25	26	27	28	29	30
31	32	33	34	35	36	37	38	39	40
41	42	43	44	45	46	47	48	49	50

a) Markiere in deiner Hundertertafel alle Vielfachen von △3, □6 und ○9.
Was entdeckst du?

b) Schreibe 5 richtige und 5 falsche Sätze.

c) Tausche mit einem Partner und finde die richtigen Sätze.

③ Schreibe die Tabelle in dein Heft.
Was entdeckst du?

a)
2er Reihe	2	4					
4er Reihe	4	8					
Summe	6						

S. 97 Nr. 3
a)
2er Reihe	2	4
4er Reihe	4	8
Summe	6	12

b)
7er Reihe	7						
3er Reihe	3						
Summe	10						

c)
9er Reihe	9						
5er Reihe	5						
Differenz	4						

d) Überprüfe deine Entdeckung mit anderen Einmaleinsreihen.

④ Eine Zahl passt nicht. Erkläre.

a) 63 26 81
   18
   27 72 45 54

b) 4 9 65
   16 25
   81 36 49

c) 2 17
   32 64
   4 8 128

⑤

a) Meine Zahl kannst du durch 3 und 4 teilen. Sie ist größer als 20 und kleiner als 30.

b) Meine Zahl kannst du durch 3 und 6 teilen. Sie ist größer als 30 und kleiner als 40.

c) Meine Zahl ist die Hälfte von dem Ergebnis der Malaufgabe 6·6.

d) Meine Zahl ist das Doppelte von dem Ergebnis der Malaufgabe 7·5.

▶ AH 69
▶ D 86
▶ KV 86, 89

Sprechen
Summe
die Hälfte
das Doppelte

Didaktische Information
3 Aus zwei Einmaleinsreihen kann eine andere Einmaleinsreihe gebildet werden (Distributivgesetz)
4 9er Reihe, Quadratzahlen, Zahl wird verdoppelt

Punktrechnung vor Strichrechnung

Die Rechenregel heißt Punktrechnung (· und :) vor Strichrechnung (+ und –).

$3 + 5 \cdot 4 = 23$
$3 + 20 = 23$

Ich muss zuerst multiplizieren und dann addieren.

$25 : 5 - 2 = 3$
$5 - 2 = 3$

Ich muss zuerst dividieren und dann subtrahieren.

die Punktrechnung
multiplizieren
dividieren
die Strichrechnung
addieren
subtrahieren

1 Rechne und denke an die Rechenregel.

a) 9 · 6 + 7   b) 15 : 5 + 10   c) 9 · 4 − 10   d) 18 : 2 − 8
     4 · 3 + 6   48 : 6 + 5   5 · 2 − 5   27 : 9 − 3
     9 · 7 + 4   44 : 4 + 2   6 · 7 − 15   32 : 4 − 7

2 Finde die falschen Ergebnisse und rechne richtig.
Vergleiche mit einem Partner und begründe.

a) 4 + 2 · 3 = 18   b) 30 : 3 + 18 : 3 = 16   c) 80 − 25 : 5 = 75
d) 6 + 2 · 4 = 14   e) 60 + 18 : 3 = 66   f) 42 : 7 + 14 : 7 = 8
g) 20 − 10 : 2 = 5   h) 12 + 24 : 4 = 9   i) 9 : 3 + 10 = 13
j) 20 : 5 + 5 = 9   k) 100 − 10 : 10 = 9   l) 20 − 16 : 4 = 1

zuerst   dann   multiplizieren   dividieren   addieren   subtrahieren

3 Setze die richtigen Rechenzeichen ⊕, ⊖, ⊙ oder ⊙ ein.

a) 5 · 3 ○ 8 = 23   b) 24 ○ 4 + 5 = 11   c) 3 · 4 ○ 4 = 16
d) 1 = 27 ○ 3 − 8   e) 6 = 12 − 2 ○ 3   f) 9 = 40 : 10 ○ 5
g) 2 ○ 3 ○ 4 = 10   h) 14 ○ 5 ○ 5 = 15   i) 9 ○ 3 ○ 10 = 13
j) 27 = 3 ○ 7 ○ 6   k) 10 = 49 ○ 7 ○ 3   l) 1 = 5 ○ 32 ○ 8

④ Lege Aufgaben mit den Karten.

a) ☐ · ☐ + ☐ = ☐ 4 2 3 11
b) ☐ − ☐ : ☐ = ☐ 4 3 7 49
c) ☐ : ☐ − ☐ = ☐ 55 60 25 5
d) ☐ + ☐ : ☐ = ☐ 7 54 16 6
e) ☐ · ☐ − ☐ = ☐ 9 4 12 24
f) ☐ + ☐ : ☐ = ☐ 7 63 7 2

⑤ Finde die Aufgaben mit dem Ergebnis 50.

18 + 4 · 4   4 · 6 + 26   81 : 9 + 52   9 · 6 − 4
62 − 56 : 7   100 − 27 : 3

⑥ Schreibe eine Aufgabe mit Punktrechnung und Strichrechnung.

a) 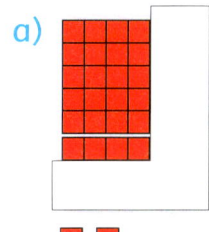   b) 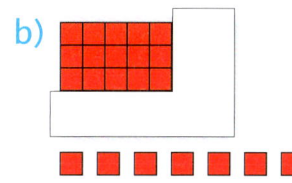   c)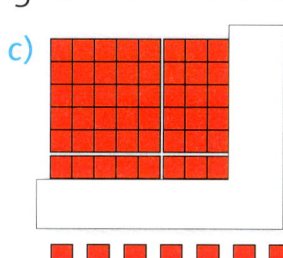

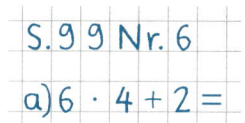
S. 99 Nr. 6
a) 6 · 4 + 2 =

d) 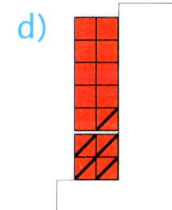   e) 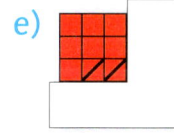   f)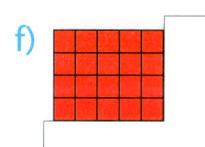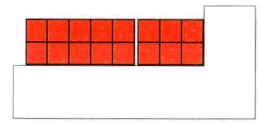

⑦ Wie heißt die Zahl?

a) Addiere zum Vierfachen von 5 die Zahl 30.

b) Dividiere 40 durch 8 und addiere 24.

c) Subtrahiere 49 vom Neunfachen von 8.

d) Addiere zum Fünffachen von 3 die Zahl 6.

e) Dividiere 42 durch 6 und subtrahiere 5.

f) Schreibe eigene Zahlenrätsel.

▶ AH 68
▶ D 87–90
▶ KV 87/88

💬 Sprechen
Addieren, subtrahieren, multiplizieren, dividieren

Didaktische Information
Bilden Gleichungen unter Berücksichtigung der Rechenregel; zum Festigen der Begriffe können eigene Zahlenrätsel geschrieben werden

Das kann ich schon

① Ich kann Mal-Plus-Häuser lösen.

S. 92

a) 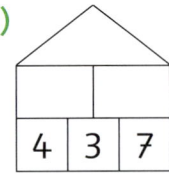   b) 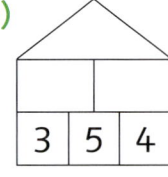   c)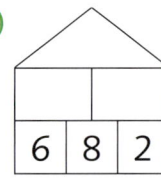

d) 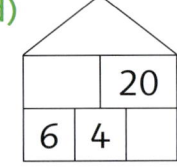   e) 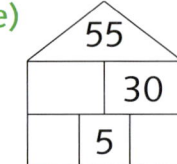   f)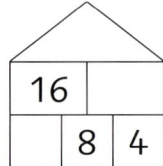

② Ich kann Mal-Plus-Häuser finden.

S. 93

a)  45   b) 24   c)  39

③ Ich kann Vielfache finden.

S. 94

a) Vielfache von 4   b) Vielfache von 7   c) Vielfache von 3

④ Ich kann alle Teiler bestimmen.

S. 95

a) Teiler von 12   b) Teiler von 15   c) Teiler von 36

⑤ Ich kann die Regel „Punktrechnung vor Strichrechnung" anwenden.

S. 98/99

a) 42 : 6 + 7   b) 7 · 4 + 12   c) 40 − 56 : 8
d) 13 + 8 · 3   e) 51 − 21 : 7   f) 3 · 8 − 17

⑥ Ich kann Zahlenrätsel lösen.

S. 94–97

a) Ich denke mir eine Zahl. Sie ist ein Vielfaches von 3 aber auch ein Vielfaches von 5 und kleiner als 20.

b) Ich denke mir eine Zahl. Sie liegt zwischen 50 und 60. Der Teiler ist 5.

Forscherseite

1	2	3	4	5	6	7	8	9	10
11	12	13	14	15	16	17	18	19	20
21	22	23	24	25	26	27	28	29	30
31	32	33	34	35	36	37	38	39	40
41	42	43	44	45	46	47	48	49	50
51	52	53	54	55	56	57	58	59	60
61	62	63	64	65	66	67	68	69	70
71	72	73	74	75	76	77	78	79	80
81	82	83	84	85	86	87	88	89	90
91	92	93	94	95	96	97	98	99	100

Ich erfinde eine Aufgabenkette.
Meine Startzahl ist 48.
Ich rechne 48 : 6 = 8
und decke 8 ab.
Dann rechne ich mit 8 weiter.

Suche dir eine Startzahl.
Dividiere oder multipliziere diese Zahl.
Decke das Ergebnis ab.
Rechne mit dem Ergebnis weiter.
Jede Zahl darf nur einmal abgedeckt werden.

① Wie könnte Mias Aufgabenkette weitergehen?
48 : 6 = 8

② Erfinde eigene Aufgabenketten.

③ Erfinde Aufgabenketten mit diesen Startzahlen:
a) 36
b) 19
c) 81
d) 77

Was entdeckst du?

Wie spät ist es?

die Stunde
die Minute
der Stundenzeiger
der Minutenzeiger

Der kurze Stundenzeiger zeigt die Stunden an.
Der lange Minutenzeiger zeigt die Minuten an.

Es ist 2 Uhr und 46 Minuten oder 14 Uhr und 46 Minuten.

1 Stunde hat 60 Minuten.
1 h = 60 min

① Wie spät ist es?

a) b) c) d) e) f) g) h) i) j) k) l) m)

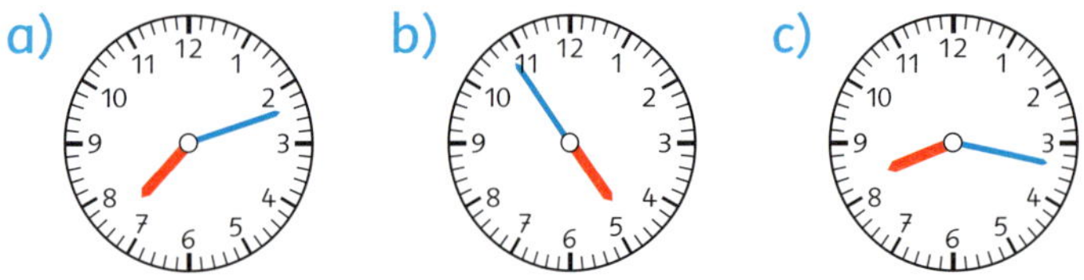

S. 102 Nr. 1
a) 7.12 Uhr
   19.12 Uhr

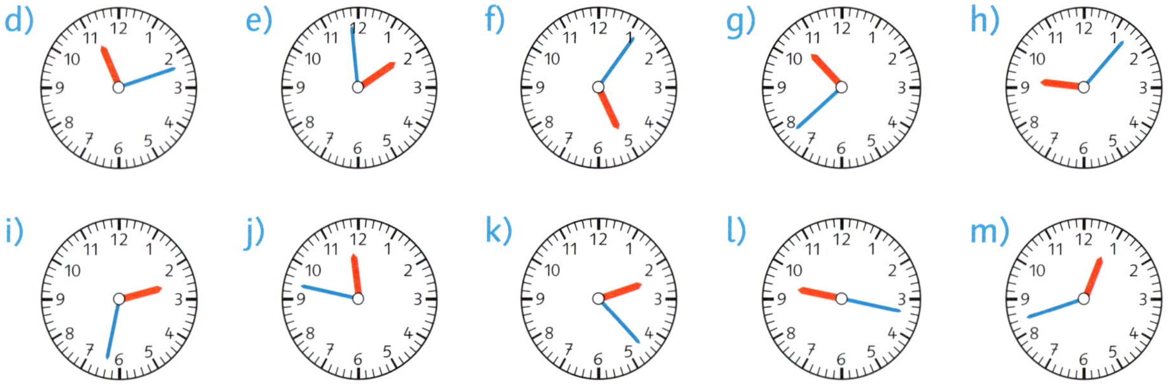

Wie spät ist es?

Es ist 4 Uhr und 28 Minuten oder 16 Uhr und 28 Minuten.

Didaktische Information
Es ist wichtig, die Bewegung des Stundenzeigers zu thematisieren. Dieser nähert sich immer weiter der nächsten Stunde an.

Sprechen
Wie spät ist es?
Es ist 2 Uhr und 46 Minuten.
Es ist 2 Uhr 46.

▶ AH 70
▶ D 91/92
▶ KV 90/91

Zeitspannen

① Wie viele Minuten sind vergangen?

a)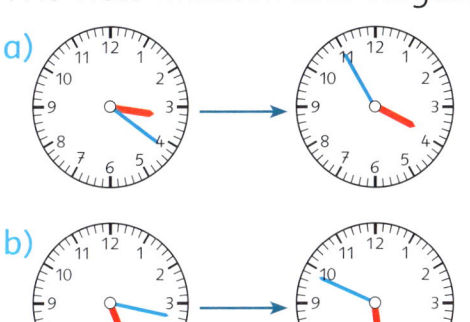

```
S.103 Nr.1
a) 3.21 Uhr →34 min→ 3.55 Uhr
   15.21 Uhr →34 min→ 15.55 Uhr
```

b)

c)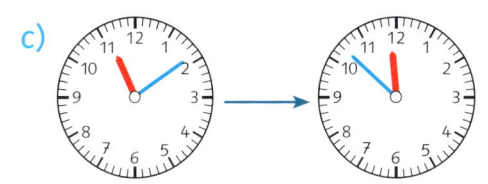

② Wie viele Stunden und Minuten sind vergangen?
Ergänze zuerst zur vollen Stunde.

a)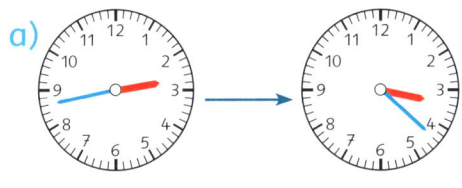

```
S.103 Nr.2
a) 2.43 Uhr →17 min→ 3.00 Uhr →22 min→ 3.22 Uhr
   17 min + 22 min = 39 min
```

b)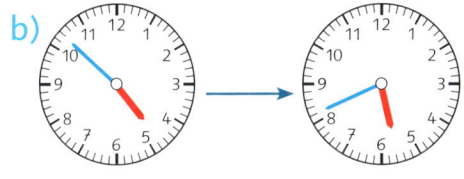

c)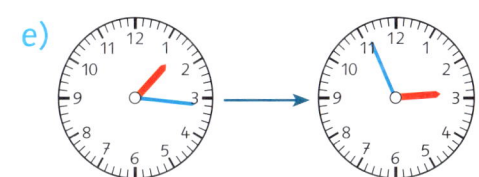

d)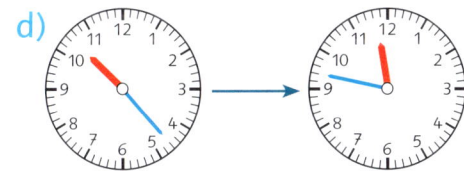

e)

③ Wann treffen sich die Kinder?

a) Es ist jetzt Viertel nach drei. — Wir treffen uns in 20 Minuten.

b) Es ist jetzt Viertel vor vier. — Wir treffen uns in 40 Minuten.

c) Es ist jetzt halb sechs. — Wir treffen uns in 45 Minuten.

d) Es ist jetzt zehn vor sieben. — Wir treffen uns in 50 Minuten.

▶ AH 71
▶ D 93/94
▶ KV 92

Sprechen
Wie viele (Stunden und) Minuten sind vergangen?
Umgangssprachliche Zeitangaben üben: Viertel vor/nach, zehn vor/nach…

Didaktische Information
Zusätzlich Übungen zur Zeiterfahrung machen
(Wie lange dauert …? Was dauert länger?)

Sekunden und Minuten

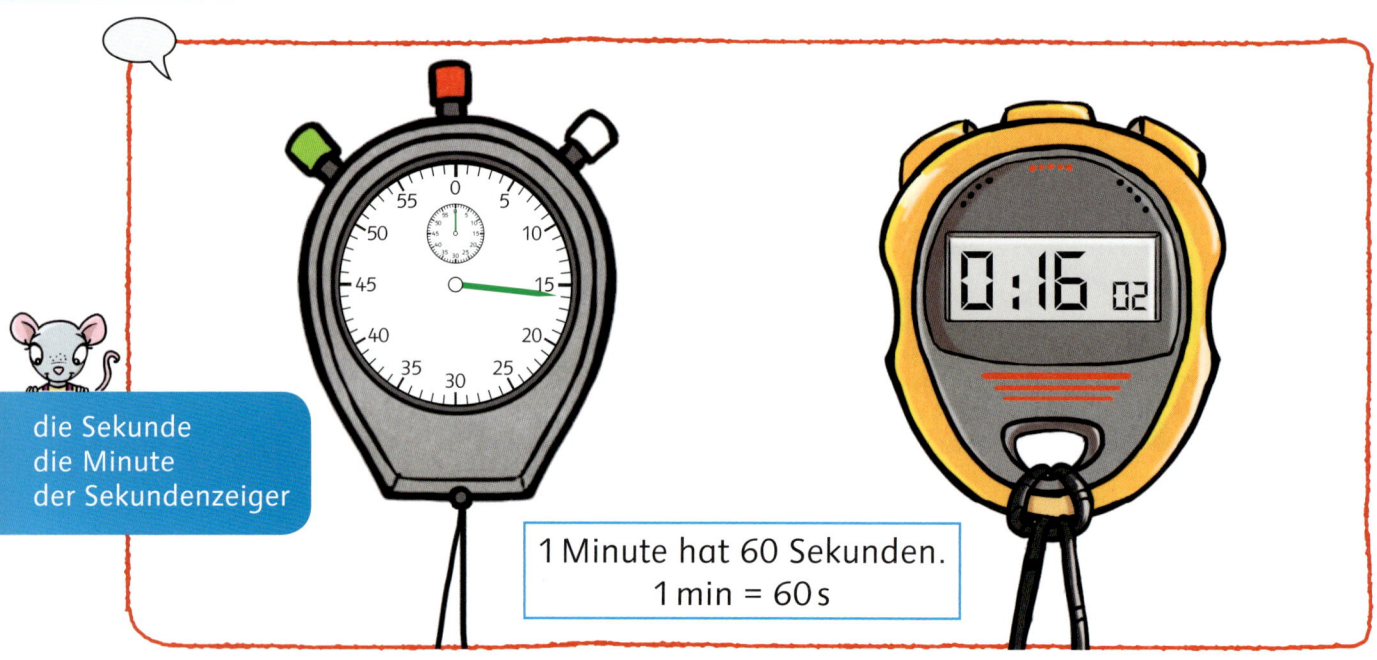

1 Minute hat 60 Sekunden.
1 min = 60 s

die Sekunde
die Minute
der Sekundenzeiger

① Wie viele Sekunden sind vergangen?

a) 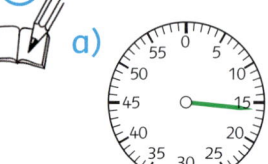 b) 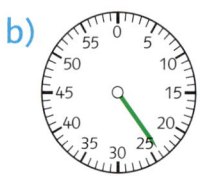 c) 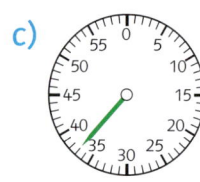 d) 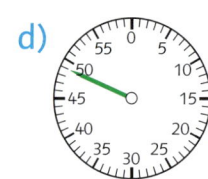 e)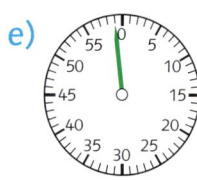

② Wie viele Sekunden brauchst du?

a) Zähle bis 100.

b) Schreibe das ABC auf.

c) Spitze einen Stift an.

d) Sage alle Merkaufgaben der Malaufgaben auf.

e) Suche noch weitere Tätigkeiten.

S. 104 Nr. 2	geschätzt	gemessen
a) Ich zähle bis 100.		

③ Schreibe in Sekunden.

a) 3 min b) 5 min c) 6 min d) 10 min

e) 2 min f) 9 min g) 8 min h) 15 min

S. 104 Nr. 3
a) 3 min = 180 s

④ Schreibe in Minuten und Sekunden.

a) 75 s b) 125 s c) 195 s d) 220 s

e) 90 s f) 140 s g) 215 s h) 250 s

S. 104 Nr. 4
a) 75 s = 1 min 15 s

Didaktische Information
Es gibt unterschiedliche Stoppuhren mit unterschiedlichen Zeiteinteilungen. Die analoge Stoppuhr zeigt hier eine Minute (60 s).

Sprechen
Wie viele Sekunden sind vergangen?
Wie viele Sekunden brauchst du?
Ich schätze, dass ich … Sekunden brauche.

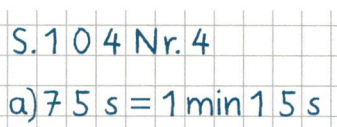

Kalender

2014

Januar (1. Monat)	Februar (2. Monat)	März (3. Monat)	April (4. Monat)	Mai (5. Monat)	Juni (6. Monat)
Mo 6 13 20 27	Mo 3 10 17 24	Mo 3 10 17 24 31	Mo 7 14 21 28	Mo 5 12 19 26	Mo 2 9 16 23 30
Di 7 14 21 28	Di 4 11 18 25	Di 4 11 18 25	Di 1 8 15 22 29	Di 6 13 20 27	Di 3 10 17 24
Mi 1 8 15 22 29	Mi 5 12 19 26	Mi 5 12 19 26	Mi 2 9 16 23 30	Mi 7 14 21 28	Mi 4 11 18 25
Do 2 9 16 23 30	Do 6 13 20 27	Do 6 13 20 27	Do 3 10 17 24	Do 1 8 15 22 29	Do 5 12 19 26
Fr 3 10 17 24 31	Fr 7 14 21 28	Fr 7 14 21 28	Fr 4 11 18 25	Fr 2 9 16 23 30	Fr 6 13 20 27
Sa 4 11 18 25	Sa 1 8 15 22	Sa 1 8 15 22 29	Sa 5 12 19 26	Sa 3 10 17 24 31	Sa 7 14 21 28
So 5 12 19 26	So 2 9 16 23	So 2 9 16 23 30	So 6 13 20 27	So 4 11 18 25	So 1 8 15 22 29

Juli (7. Monat)	August (8. Monat)	September (9. Monat)	Oktober (10. Monat)	November (11. Monat)	Dezember (12. Monat)
Mo 7 14 21 28	Mo 4 11 18 25	Mo 1 8 15 22 29	Mo 6 13 20 27	Mo 3 10 17 24	Mo 1 8 15 22 29
Di 1 8 15 22 29	Di 5 12 19 26	Di 2 9 16 23 30	Di 7 14 21 28	Di 4 11 18 25	Di 2 9 16 23 30
Mi 2 9 16 23 30	Mi 6 13 20 27	Mi 3 10 17 24	Mi 1 8 15 22 29	Mi 5 12 19 26	Mi 3 10 17 24 31
Do 3 10 17 24 31	Do 7 14 21 28	Do 4 11 18 25	Do 2 9 16 23 30	Do 6 13 20 27	Do 4 11 18 25
Fr 4 11 18 25	Fr 1 8 15 22 29	Fr 5 12 19 26	Fr 3 10 17 24 31	Fr 7 14 21 28	Fr 5 12 19 26
Sa 5 12 19 26	Sa 2 9 16 23 30	Sa 6 13 20 27	Sa 4 11 18 25	Sa 1 8 15 22 29	Sa 6 13 20 27
So 6 13 20 27	So 3 10 17 24 31	So 7 14 21 28	So 5 12 19 26	So 2 9 16 23 30	So 7 14 21 28

① Es gibt Feiertage, die jedes Jahr das gleiche Datum haben.

a) Suche die Feiertage im Kalender.
An welchem Wochentag sind diese Feiertage im Jahr 2014?

   1.1.   Neujahr
   23. 4.   türkisches Kinderfest Çocuk Bayramı
   3. 10.   Tag der deutschen Einheit
   25. und 26. 12. Weihnachten

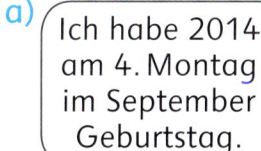

b) Kennst du noch andere Feiertage mit einem festen Datum?
An welchem Wochentag sind diese Feiertage?

② Es gibt Feiertage, die kein festes Datum haben.
Suche die folgenden Feiertage im Kalender.
Schreibe das Datum auf.

a) Erntedankfest: 1. Sonntag im Oktober

b) Muttertag: 1. Sonntag im Mai

c) Thanksgiving: am 4. Donnerstag im November

③ Wann haben die Kinder Geburtstag?

a) Ich habe 2014 am 4. Montag im September Geburtstag.

b) Ich habe 20 Tage nach Umut Geburtstag.

c) Ich habe am vorletzten Tag im August Geburtstag.

d) Ich habe 2014 am 3. Donnerstag im Januar Geburtstag.

▸ AH 73
▸ D 95/96
▸ KV 95

Sprechen

Didaktische Information
Orientierung im Kalender; Gegenüberstellung von Feiertagen mit und ohne festes Datum.
D Eigene Rätsel zu Geburtstagen erstellen.

105

Das kann ich schon

① Ich kann die Uhrzeit ablesen.

S. 102

a) 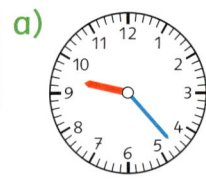   b) 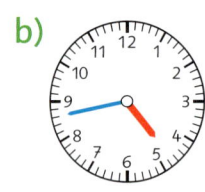   c) 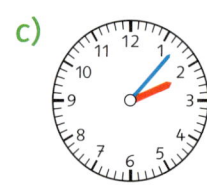   d)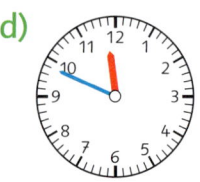

② Ich kann ausrechnen, wie viele Minuten vergangen sind.

S. 103

a) 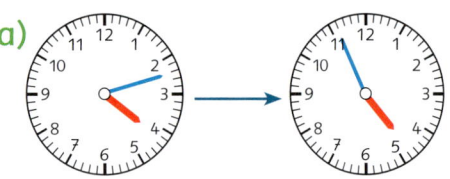   b)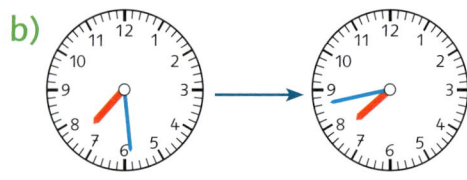

c) 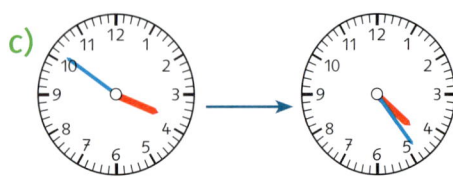   d)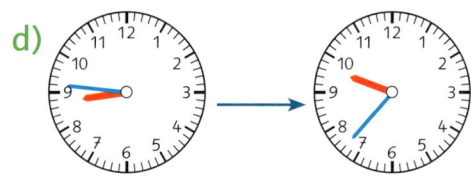

③ Ich kann ablesen, wie viele Sekunden vergangen sind.

S. 104

a) 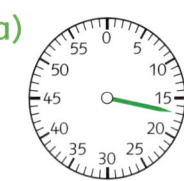   b) 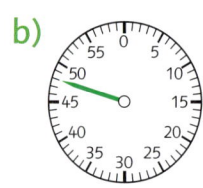   c) 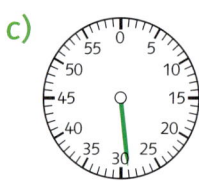   d)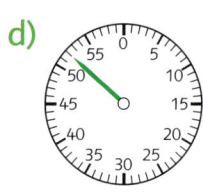

④ Ich kann Minuten in Sekunden umrechnen.

S. 104

a) 3 min   b) 7 min   c) 2 min

d) 4 min   e) 11 min   f) 9 min

⑤ Ich kann Sekunden in Minuten und Sekunden umrechnen.

S. 104

a) 80 s   b) 193 s   c) 235 s

d) 130 s   e) 260 s   f) 185 s

⑥ Ich kann die Wochentage zu einem Datum im Kalender ablesen.

S. 105

a) 4. August   b) 20. Oktober c) 17. März

d) 25. Februar e) 5. November f) 30. Juli

Didaktische Information
Aufgaben zur Selbstüberprüfung und Selbsteinschätzung

Forscherseite

"Manchmal ist Ostern im März, manchmal im April."

"Wer bestimmt, wann Ostern ist?"

März 2012						April 2012				
Mo	5	12	19	26		Mo	2	9	16	23	30
Di	6	13	20	27		Di	3	10	17	24
Mi	7	14	21	28		Mi	4	11	18	25
Do	1	8	15	22	29	Do	5	12	19	26
Fr	2	9	16	23	30	Fr	6	13	20	27
Sa	3	10	17	24	31	Sa	7	14	21	28
So	4	11	18	25		So	1	8	15	22	29

März 2013					April 2013				
Mo	4	11	18	25	Mo	1	8	15	22	29
Di	5	12	19	26	Di	2	9	16	23	30
Mi	6	13	20	27	Mi	3	10	17	24
Do	7	14	21	28	Do	4	11	18	25
Fr	1	8	15	22	20	Fr	5	12	19	26
Sa	2	9	16	23	30	Sa	6	13	20	27
So	3	10	17	24	31	So	7	14	21	28

① a) Finde die Regel und schreibe sie auf. Die drei Kalenderblätter können dir dabei helfen.

 b) Vergleiche mit einem Partner.

- 🟠 Frühlingsanfang
- 🔵 Vollmond
- 🟡 Ostern

März 2014					April 2014				
Mo	3	10	17	24	31	Mo	7	14	21	28
Di	4	11	18	25	Di	1	8	15	22	29
Mi	5	12	19	26	Mi	2	9	16	23	30
Do	6	13	20	27	Do	3	10	17	24
Fr	7	14	21	28	Fr	4	11	18	25
Sa	1	8	15	22	29	Sa	5	12	19	26
So	2	9	16	23	30	So	6	13	20	27

② Wann ist Ostern im Jahr 2015?

März 2015					April 2015				
Mo	2	9	16	23	30	Mo	6	13	20	27
Di	3	10	17	24	31	Di	7	14	21	28
Mi	4	11	18	25	Mi	1	8	15	22	29
Do	5	12	19	26	Do	2	9	16	23	30
Fr	6	13	20	27	Fr	3	10	17	24
Sa	7	14	21	28	Sa	4	11	18	25
So	1	8	15	22	29	So	5	12	19	26

③ Auch der Fastenmonat Ramadan und das Ende der Fastenzeit haben kein festes Datum.

a) Welche Regel findest du hier? Hier kannst du dich informieren:

 b) Vergleiche mit einem Partner.

Kleine und große Multiplikationsaufgaben

die Multiplikation
multiplizieren

 ① Zeichne und rechne.

a) 5 · 2
    5 · 20

b) 3 · 2
    3 · 20

c) 4 · 2
    4 · 20

d) 3 · 3
    3 · 30

e) 7 · 1
    7 · 10

f) 3 · 6
    3 · 60

S. 108 Nr. 1
a) 5 · 2 = 10   5 · 20 = 100

 ② Finde die Tauschaufgabe und rechne.

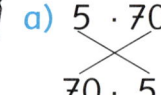 a) 5 · 70
    70 · 5

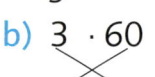 b) 3 · 60
    ☐ · ☐

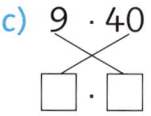 c) 9 · 40
    ☐ · ☐

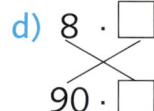 d) 8 · ☐
    90 · ☐

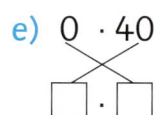 e) 0 · 40
    ☐ · ☐

③ a) 3 · ☐ = 15
    3 · ☐ = 150

b) 7 · ☐ = 56
    7 · ☐ = 560

c) 5 · ☐ = 20
    5 · ☐ = 200

d) 7 · ☐ = 28
    7 · ☐ = 280

④ a) 3 · ☐ = 240
    e) 5 · ☐ = 350

b) ☐ · 8 = 640
    f) ☐ · 10 = 1000

c) 360 = 6 · ☐
    g) 630 = 9 · ☐

d) 560 = ☐ · 7
    h) 490 = ☐ · 70

 ⑤ 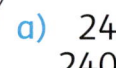 Finde zu den Ergebniszahlen passende Multiplikationsaufgaben.

a) 24   b) 28   c) 42   d) 48   e) 27   f) 72
   240   280   420   480   270   720

 ⑥ Finde Multiplikationsaufgaben, bei denen das Ergebnis größer ist als 600.

Kleine und große Divisionsaufgaben

① Zeichne und rechne.

| a) 6 : 2 | b) 12 : 3 | c) 18 : 6 | d) 27 : 9 | e) 48 : 8 |
| 60 : 2 | 120 : 3 | 180 : 6 | 270 : 9 | 480 : 8 |

② a) 36 : ☐ = 4   b) 28 : ☐ = 4   c) ☐ : 8 = 8   d) ☐ : 4 = 4
   360 : ☐ = 40   280 : ☐ = 40   ☐ : 8 = 80   ☐ : 4 = 40

③ Finde die Umkehraufgabe und rechne.

a) 420 : 6 = ☐   b) 720 : 8 = ☐   c) 560 : 7 = ☐
   ☐ · 6 = 420   ☐ · 8 = 720   ☐ · 7 = 560

d) 400 : 5   e) 300 : 5   f) 270 : 30   g) 540 : 60

h) 180 : 30   i) 560 : 80   j) 490 : 70   k) 240 : 40

④ Schreibe alle passenden Zahlen auf.

a) ☐ · 20 < 150   b) ☐ · 60 < 270   c) ☐ · 80 < 450

d) ☐ · 60 < 390   e) ☐ · 90 < 650   f) ☐ · 40 < 210

g) ☐ · 70 < 590   h) ☐ · 50 < 400   i) ☐ · 20 < 110

S. 109 Nr. 4
a) 0, 1, 2, 3,

⑤ Rechne die Aufgaben mit Rest.

a) 290 : 4   b) 430 : 7   c) 430 : 6   d) 660 : 7
   130 : 3   190 : 4   200 : 3   250 : 4
   220 : 3   370 : 6   270 : 7   410 : 8

Sprechen
Division/dividieren
8 Einer dividiert durch 2 gleich 4 Einer.
8 Zehner dividiert durch 2 gleich 4 Zehner.

Didaktische Information
Kopfrechenübung zur Division
Analogien zu den kleinen Divisionsaufgaben erkennen

Halbschriftlich Multiplizieren

die Tauschaufgabe halbschriftlich multiplizieren

① Rechne die Multiplikationsaufgabe und die Tauschaufgabe.

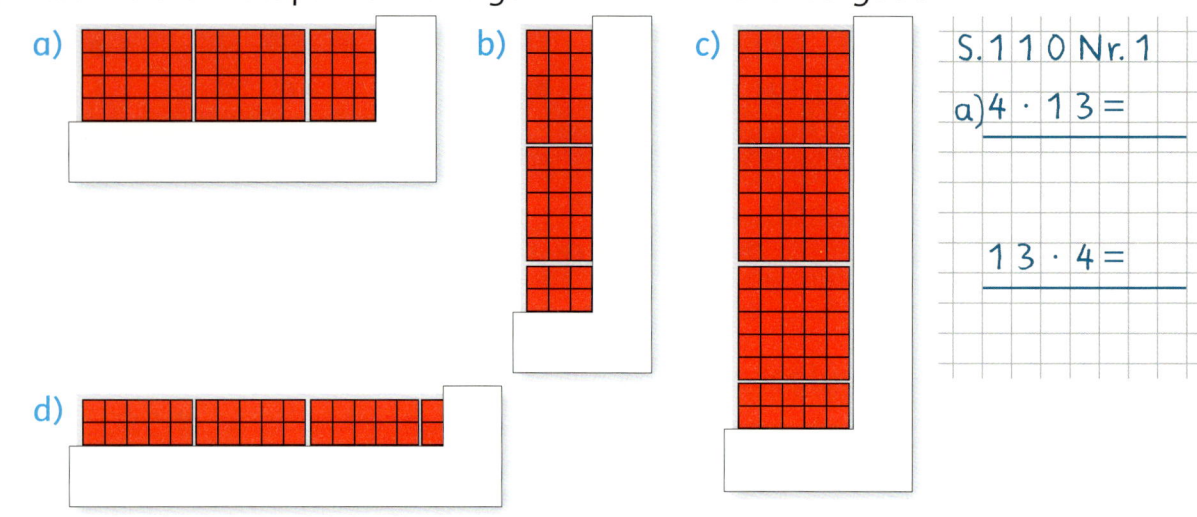

a) b) c) d)

S. 110 Nr. 1
a) 4 · 13 =

13 · 4 =

②  Zeige die Multiplikationsaufgabe und rechne.

a) 2 · 17	b) 7 · 16	c) 3 · 11	d) 19 · 2	e) 16 · 5	f) 16 · 9
4 · 12	6 · 14	5 · 13	12 · 4	14 · 3	19 · 7
3 · 19	9 · 18	2 · 17	17 · 8	13 · 4	15 · 3

③ Finde und rechne zuerst die leichtere Aufgabe.

a) 19 · 7 = ☐   b) 19 · 4 = ☐   c) 19 · 5 = ☐   d) 19 · 9 = ☐
   20 · 7 = ☐   20 · 4 = ☐   20 · 5 = ☐   20 · 9 = ☐

Was entdeckst du? Erkläre einem Partner.

④
a) 29 · 3   b) 49 · 7   c) 69 · 2
   39 · 7   29 · 6   89 · 4
   59 · 5   19 · 3   59 · 9

S. 110 Nr. 4
a) 2 9 · 3 =
   3 0 · 3 =

Didaktische Information
Lösen von Multiplikationsaufgaben mithilfe von Zerlegungsaufgaben halbschriftlich.
3 Einen Rechentrick kennen lernen / geschickt rechnen.

Sprechen
Bei der Aufgabe 4 mal 12, zerlege ich die Zahl 12 in 1 Z und 2 E. Dann multipliziere ich 1 Z mit 4 und die 2 E auch mit 4. Dann addiere ich die Ergebnisse.

▶ AH 76
▶ D 101/102
▶ KV 100-102

5 Rechne in Schritten.

a) 3 · 42 = ☐
   3 · 40 = ☐
   3 · 2 = ☐

b) 8 · 24 = ☐
   8 · 20 = ☐
   8 · 4 = ☐

c) 4 · 24 = ☐
   4 · ☐ = ☐
   4 · ☐ = ☐

6
a)	b)	c)	d)	e)
3 · 24	32 · 9	4 · 27	2 · 72	7 · 51
5 · 28	24 · 7	9 · 63	4 · 46	4 · 35
4 · 67	53 · 6	8 · 46	9 · 25	6 · 89
3 · 46	27 · 5	6 · 36	7 · 64	3 · 16

7 Bilde mit 3 Zahlenkarten verschiedene Multiplikationsaufgaben.

a) 4 3 2
b) 7 8 3
c) 5 6 7
d) 1 9 4

S. 111 Nr. 7
a) 4 · 3 2 =

8 Wähle immer 2 Zahlen und multipliziere sie. Wie viele Aufgaben findest du?

3 5 6 7 9 · 13 24 27 19 36 89

a) Das Ergebnis soll kleiner als 100 sein.

b) Das Ergebnis soll zwischen 60 und 90 liegen.

c) Das Ergebnis soll größer als 100 sein.

d) Das Ergebnis soll zwischen 300 und 500 liegen.

e) Das Ergebnis soll eine gerade Zahl sein.

f) Das Ergebnis soll eine ungerade Zahl sein.

9
a) ☐ · 82 = 328
   ☐ · 80 = 320
   ☐ · ☐ = ☐

b) 6 · ☐ = ☐
   6 · ☐ = 180
   6 · ☐ = 42

c) ☐ · ☐ = ☐
   ☐ · 60 = ☐
   5 · ☐ = 45

d) ☐ · 3 = ☐
   70 · ☐ = ☐
   ☐ · ☐ = 12

e) ☐ · ☐ – ☐
   30 · ☐ = ☐
   ☐ · 4 = 28

f) ☐ · ☐ = ☐
   50 · 8 = ☐
   ☐ · ☐ = 48

Sprechen
Das Wort *Ziffer* ist noch nicht bekannt, daher wird in **7** von Zahlenkarten gesprochen.
Rechne in Schritten.

Didaktische Information
Die Aufgaben können nicht mehr im Vierhunderterfeld gezeigt werden. Multiplikationsaufgaben mit einem Faktor zwischen 20 und 100.

Halbschriftlich Dividieren (1)

Ich weiß 60 : 6 = 10. Jetzt muss ich noch 24 : 6 rechnen.

24 : 6 = 4, also ist 84 : 6 = 14.

① Rechne in Schritten.

a) 119 : 7 = ☐
　70 : 7 = ☐
　49 : 7 = ☐

b) 104 : 8 = ☐
　 80 : 8 = ☐
　 24 : 8 = ☐

c) 68 : 4 = ☐
　40 : 4 = ☐
　☐ : 4 = ☐

② a) 42 : 3　　b) 56 : 4　　c) 114 : 6　　d) 70 : 5

　e) 112 : 7　f) 34 : 2　　g) 84 : 7　　h) 76 : 4

　i) 96 : 8　　j) 102 : 6　k) 108 : 9　l) 66 : 6

S. 112 Nr. 2
a) 42 : 3 =
　30 : 3 = 10
　12 : 3 = 4

③
a) 144 : ☐ = ☐
　 90 : ☐ = ☐
　 ☐ : ☐ = 6

b) ☐ : 8 = ☐
　 ☐ : 8 = 10
　48 : ☐ = ☐

c) ☐ : ☐ = 12
　70 : ☐ = 10
　 ☐ : ☐ = ☐

d) ☐ : ☐ = ☐
　 ☐ : ☐ = ☐
　16 : 4 = ☐

e) 91 : ☐ = 13
　70 : ☐ = ☐
　 ☐ : ☐ = ☐

f) ☐ : 8 = ☐
　80 : ☐ = ☐
　 ☐ : ☐ = 2

④ Finde den Fehler und rechne richtig.
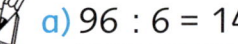

a) 96 : 6 = 14
　60 : 6 = 10
　36 : 6 = 4

b) 98 : 7 = 13
　70 : 7 = 10
　28 : 7 = 3

c) 72 : 4 = 13
　40 : 4 = 10
　12 : 4 = 3

d) 112 : 8 = 18
　 80 : 8 = 10
　 32 : 4 = 8

Halbschriftlich Dividieren (2)

① Rechne in Schritten.

a) 276 : 6 = ☐
   240 : 6 = ☐
    36 : 6 = ☐

b) 224 : 4 = ☐
   200 : 4 = ☐
    24 : 4 = ☐

c) 238 : 7 = ☐
   210 : 7 = ☐
    ☐ : 7 = ☐

② a) 282 : 6   b) 215 : 5   c) 488 : 8   d) 392 : 7

   e) 228 : 4   f) 534 : 6   g) 185 : 5   h) 672 : 8

   i) 219 : 3   j) 264 : 6   k) 231 : 7   l) 448 : 8

S. 113 Nr. 2
a) 282 : 6 =
   240 : 6 = 40
    42 : 6 = 7

③ a) 592 : ☐ = ☐
     560 : ☐ = 70
      ☐ : ☐ = ☐

   b) 534 : ☐ = ☐
      480 : ☐ = 80
       ☐ : ☐ = ☐

   c) 245 : 7 = ☐
       ☐ : 7 = 30
       ☐ : 7 = ☐

   d) 276 : ☐ = ☐
      240 : ☐ = 60
       ☐ : ☐ = ☐

   e) 222 : ☐ = ☐
      210 : ☐ = 70
       12 : ☐ = ☐

   f) ☐ : 7 = ☐
      350 : 7 = ☐
       ☐ : 7 = 7

④ Finde den Fehler und rechne richtig.

   a) 282 : 6 = 46
      240 : 6 = 40
       42 : 6 = 6

   b) 238 : 7 = 24
      210 : 7 = 20
       28 : 7 = 4

   c) 385 : 5 = 75
      350 : 5 = 70
       25 : 5 = 5

   d) 348 : 4 = 97
      320 : 4 = 90
       28 : 4 = 7

▶AH 77
▶D 103/104
▶KV 103

Sprechen
Bei der Aufgabe 192 : 6 zerlege ich 192 in 180 und 12. 180 : 6 ist gleich 30. 12 : 6 ist gleich 2. Dann addiere ich die beiden Ergebnisse.

Didaktische Information
Zerlegen der Divisionsaufgabe unter Berücksichtigung der kleinen und großen Divisionsaufgaben

Teilen durch 2

teilbar

① a) Welche Zahlen kannst du durch 2 teilen?

1	32	23	174	315	26	7	238	10	109
81	2	3	54	75	426	57	48	130	9
121	462	673	4	5	6	857	8	320	39

b) Schreibe eine Regel.

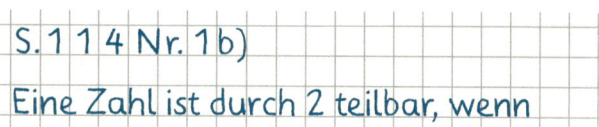

S. 1 1 4 Nr. 1 b)
Eine Zahl ist durch 2 teilbar, wenn

② Ist die Zahl durch 2 teilbar?
Ordne die Zahlen in eine Tabelle.

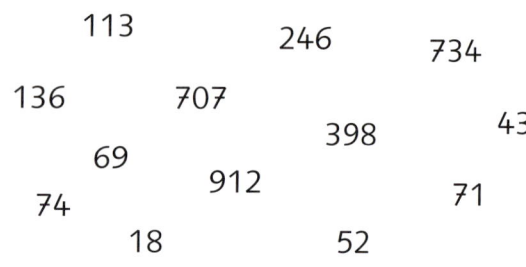

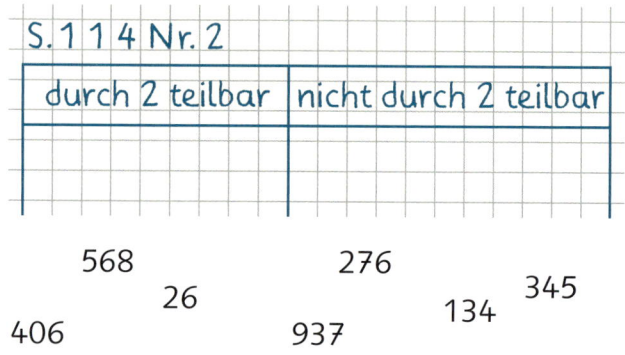

③ Schreibe die richtigen Sätze auf.

Eine Zahl ist durch 2 teilbar, wenn der Einer durch 2 teilbar ist.

Eine Zahl ist durch 2 teilbar, wenn der Zehner durch 2 teilbar ist.

Eine Zahl ist durch 2 teilbar, wenn der Einer eine gerade Zahl ist.

Eine Zahl ist durch 2 teilbar, wenn der Einer eine ungerade Zahl ist.

Eine Zahl ist durch 2 teilbar, wenn die letzte Ziffer eine 0, 2, 4, 6 oder 8 ist.

Didaktische Information
Erarbeitung der Teilbarkeitsregel „Teilen durch 2"

Sprechen
Eine Zahl ist durch 2 teilbar, wenn die letzte Ziffer eine 0, 2, 4, 6 oder 8 ist / eine gerade Zahl ist / durch 2 teilbar ist.
❗ *Ziffer* gleich *Einerstelle*

Multiplizieren mit Kommazahlen

Mathekonferenz

Ich wechsle € in ct und multipliziere.

Ich zerlege den Betrag in € und ct.

① a) Wie rechnen die Kinder?
b) Welchen Rechenweg kannst du gut erklären?

② Wie rechnest du?
a) 4 · 1,20 €   b) 3 · 1,90 €   c) 6 · 1,70 €
d) 2 · 1,60 €   e) 5 · 1,40 €   f) 7 · 1,30 €

g) Finde eigene Aufgaben.

③ Wähle immer zwei Zahlen und multipliziere sie.
Wie viele Aufgaben findest du?

| 2 | 3 | 4 | 6 | 7 | · | 1,20 € | 1,60 € | 2,40 € | 3,70 € | 5,30 € |

a) Das Ergebnis soll kleiner als 5,00 € sein.
b) Das Ergebnis soll kleiner als 10,00 € sein.
c) Das Ergebnis soll größer als 10,00 €, aber kleiner als 15,00 € sein.
d) Das Ergebnis soll größer als 35,00 € sein.
e) Das Ergebnis soll größer als 16,00 €, aber kleiner als 20,00 € sein.

Sprechen
Ich wechsele € in ct und multipliziere.
Ich zerlege den Betrag in € und ct.

Didaktische Information
Einen Geldbetrag in die nächst kleinere Einheit umwandeln oder eine Kommazahl in € und ct zerlegen.

Sachrechnen

① Kann das stimmen?

Ein ausgewachsener Maulwurf ist ungefähr 17 cm lang und 100 g schwer.

Emira: „Ich bin achtmal so groß. Bin ich auch achtmal so schwer?"

Ein Blauwalbaby wiegt bei seiner Geburt ca. 2000 kg.

Umut: „Dann wiegt es so viel wie die Kinder meiner Klasse."

Giraffen schlafen sehr wenig. Sie schlafen weniger als 2 Stunden pro Nacht. Meistens schlafen sie im Stehen.

Dilara: „Dann schlafe ich in einer Nacht weniger als die Giraffe in einer Woche."

Ein Riesenkänguru ist 90–140 cm groß. Es hat dazu noch einen fast 1 m langen Schwanz. Das Riesenkänguru springt 10 m weit und bis zu 3 m hoch.

Matteo: „Wenn ich ein Riesenkänguru wäre, dann könnte ich doppelt so weit springen wie der Weltmeister im Weitsprung."

②

Mia: „Wie viele Mathematikbücher gibt es an deiner Schule?"

Milan: „Wie viele Hausschuhe gibt es an deiner Schule? Wie viele Schuhregale braucht deine Schule?"

Timo: „Wie oft bist du in deinem Leben Fahrrad gefahren?"

Janek: „Wie oft bist du in den Schulferien verreist?"

Didaktische Information
Aus einem Text eine mathematische Information herauslesen und mit der Umwelt vergleichen; modellieren

▶AH 78
▶D 105/106

③ a) Löse die Aufgaben.

 b) Vergleiche mit einem Partner.

c) Welche Aufgaben findest du leicht, welche findest du schwer? Erkläre.

Eine Skizze kann dir helfen.

A Natalia hat 23 Murmeln. Dilara hat nur 11 Murmeln. Natalia schenkt Dilara so viele Murmeln, dass beide gleich viele Murmeln haben.

B Lisa und Mia haben zusammen 54 Sticker. Mia hat doppelt so viele Sticker wie Lisa.

C Momo und Milan haben zusammen 54 Murmeln. Milan hat 6 Murmeln weniger als Momo.

D Matteo und Mia haben zusammen 28 Murmeln. Matteo hat 4 Murmeln mehr als Mia.

E Timo und Dilara haben zusammen 42 Sticker. Timo hat halb so viele Sticker wie Dilara.

F Timo und Lisa haben zusammen 21 Murmeln. Wie viele Murmeln hat Timo, wie viele Murmeln hat Lisa? Finde alle Lösungen.

④ Welche Aufgaben kannst du lösen?

A Eine Kiste mit Kartoffeln ist 13 kg schwer. Wenn die Hälfte der Kartoffeln herausgenommen wird, wiegt die Kiste 7 kg. Wie schwer ist die leere Kiste?

B Zwei Elefanten gehen vor einem Elefanten. Zwei Elefanten gehen hinter einem Elefanten. Ein Elefant geht zwischen zwei Elefanten. Finde verschiedene Lösungen.

C Schultasche A ist leichter als Schultasche D, Schultasche W ist leichter als Schultasche O. Schultasche D ist leichter als Schultasche W. Ordne die Schultaschen nach ihrem Gewicht.

D Eine Tochter ist 9 Jahre alt. Ihre Mutter ist 25 Jahre älter. Wie alt ist der Bruder?

Das kann ich schon

① Ich kann kleine und große Multiplikationsaufgaben rechnen.

S. 108

a) 4 · 20
3 · 60

b) 20 · 3
50 · 6

c) ☐ · 20 = 120
☐ · 60 = 420

d) 3 · ☐ = 240
7 · ☐ = 420

② Ich kann kleine und große Divisionsaufgaben rechnen.

S. 109

a) 60 : 2
180 : 3

b) 480 : 8
560 : 7

c) 360 : ☐ = 40
540 : ☐ = 90

d) ☐ : 4 = 70
☐ : 8 = 50

③ Ich kann die Multiplikationsaufgabe finden.

S. 110

a)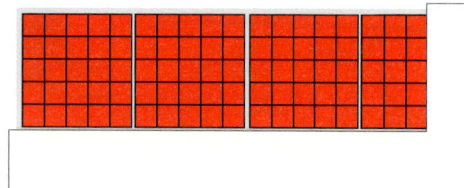

b)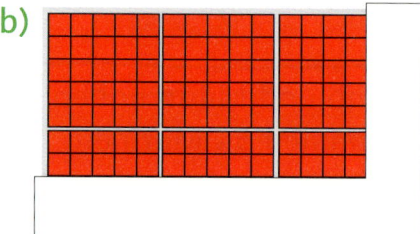

④ Ich kann in Schritten multiplizieren.

S. 110/111

a) 2 · 18
4 · 16
7 · 12

b) 14 · 4
13 · 5
17 · 9

c) 7 · 32
4 · 49
8 · 64

d) 54 · 6
46 · 3
72 · 8

⑤ Ich kann in Schritten dividieren.

S. 112/113

a) 84 : 6
64 : 4

b) 108 : 6
117 : 9

c) 276 : 6
216 : 3

d) 224 : 7
368 : 8

⑥ Ich kann erkennen, ob eine Zahl durch 2 teilbar ist.

S. 114

a) 674

b) 947

c) 328

d) 541

e) 256

⑦ Ich kann Geldbeträge multiplizieren.

S. 115

a) 5 · 1,20 €

b) 3 · 1,70 €

c) 6 · 2,90 €

Didaktische Information
Aufgaben zur Selbstüberprüfung und Selbsteinschätzung

Forscherseite

1 Umut hat auf der Hundertertafel 3 Zahlen markiert.

a) Addiere die markierten Zahlen.

b) Multipliziere die mittlere Zahl mit 3.

c) Was fällt dir auf?

d) Markiere selbst 3 Zahlen auf der Hundertertafel und überprüfe mit diesen 3 Zahlen.

2 Mia, Emira und Timo haben auch 3 Zahlen auf der Hundertertafel markiert.

 Mia
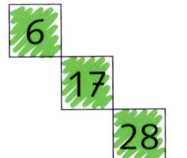 Emira
 Timo

a) Addiere die markierten Zahlen.

b) Multipliziere die mittlere Zahl mit 3.

c) Was fällt dir auf?

d) Markiere selbst 3 Zahlen auf der Hundertertafel und überprüfe mit diesen 3 Zahlen.

3 Welche 3 Zahlen können es sein?

a) Ergebnis 279

b) Ergebnis 57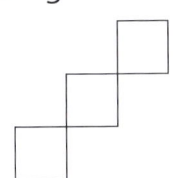

c) Ergebnis 78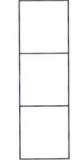

4 Welche 3 Zahlen können es sein? Wie viele Möglichkeiten findest du?

a) Ergebnis 195

b) Ergebnis 228

c) Ergebnis 159

Kilometer

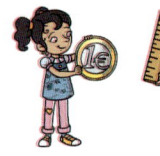

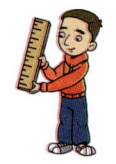

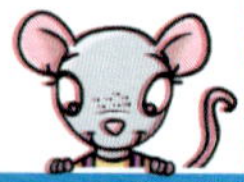

der Kilometer
der Meter

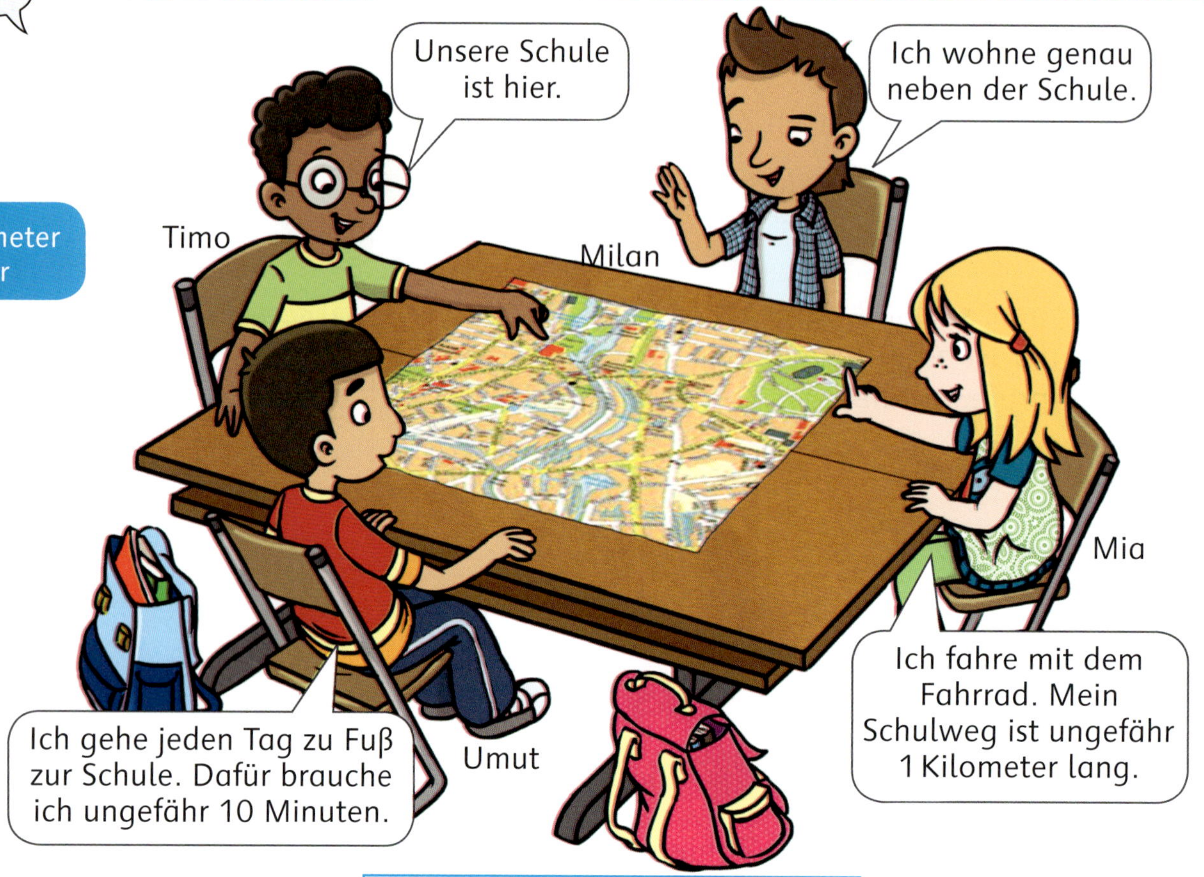
Unsere Schule ist hier.
Ich wohne genau neben der Schule.
Timo
Milan
Mia
Ich fahre mit dem Fahrrad. Mein Schulweg ist ungefähr 1 Kilometer lang.
Ich gehe jeden Tag zu Fuß zur Schule. Dafür brauche ich ungefähr 10 Minuten.
Umut

Ein Kilometer hat 1000 Meter.
1 km = 1000 m

① Womit kannst du einen Kilometer messen?

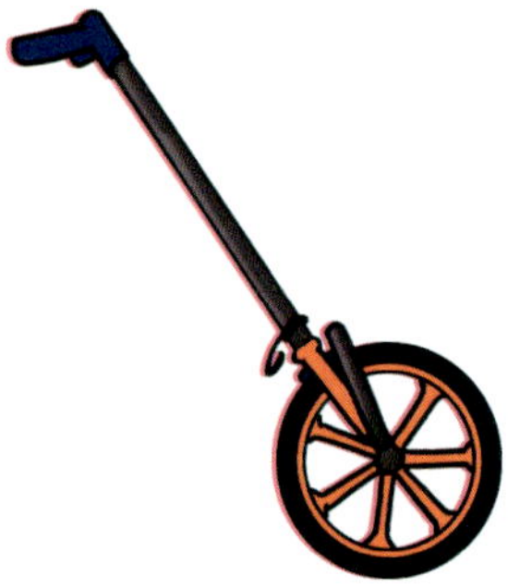

• das Messrad

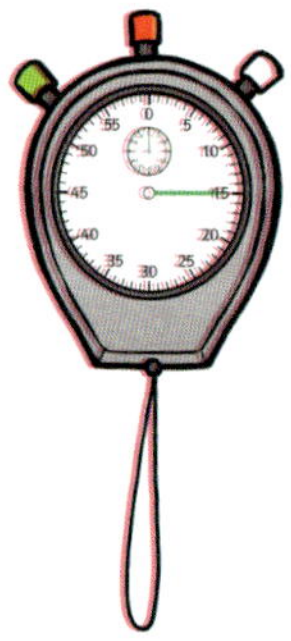

• die Stoppuhr

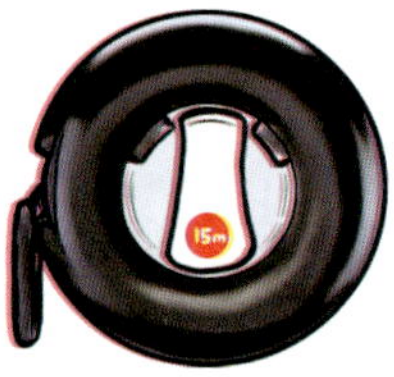

• das Maßband

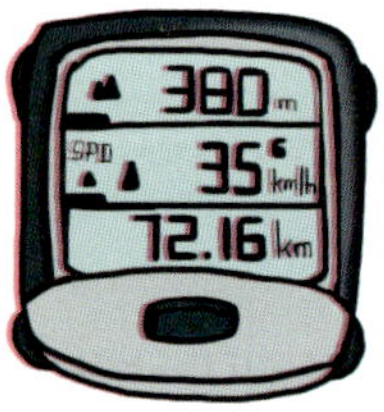

• der Fahrradcomputer

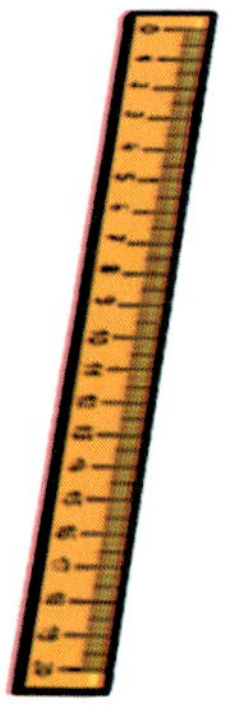

• das Lineal

② Ein Fußgänger geht ungefähr 4 km in der Stunde.

a) Wie viele Kilometer geht ein Fußgänger in einer halben Stunde?

b) Wie viele Kilometer geht ein Fußgänger in 3 Stunden?

c) Wie viele Kilometer geht ein Fußgänger in 15 Minuten?

d) Wie lange braucht er für 6 Kilometer?

Didaktische Information
Verknüpfung der Entfernung mit der Zeit, um eine Vorstellung zu bekommen. Einen Kilometer mit der Klasse messen. Hinweg: messen – Rückweg: Zeit stoppen.

Sprechen
Wie viele Kilometer geht ein Fußgänger in ... Minuten?
Wie lange braucht ein Fußgänger für ... Kilometer.

► D 107/108
► KV 106

Kilometer und Meter

„Mein Schulweg ist zwei Komma vier Kilometer lang."

	1 km	,	100 m	10 m	1 m	
Emira	2	,	4	0	0	2,4 km
		,				

Das Komma trennt Kilometer und Meter.

„Das sind 2 Kilometer und 400 Meter."

① a) Ordne die Schulwege. Beginne mit dem längsten Schulweg.

 Emira — 2,4 km
 Dilara — 2 km

S. 121 Nr. 1a)

	1 km	,	100 m	10 m	1 m	
Emira	2	,	4	0	0	2,4 km

 Timo — 1,75 km
 Milan — 1 km 700 m
 Mia — 950 m
 Matteo — 75 m
 Umut — 0,9 km

b) Schreibe passende Sätze in dein Heft.

kürzer als   länger als   genauso weit
längste   kürzeste

S. 121 Nr. 1b)
Dilaras Schulweg ist

② Rechne in Kilometer um. Schreibe als Kommazahl.

a) 5 km 200 m b) 9 km   4 m c) 21 km 504 m
   5 km 20 m   9 km   24 m   21 km 54 m
   5 km   2 m   9 km 624 m   21 km   4 m

S. 121 Nr. 2
a) 5 km 200 m = 5,2 km

▶ AH 80
▶ D 109/110
▶ KV 107–109

Sprechen
Die Zahlen hinter dem Komma werden ziffernweise genannt.
kürzer als / länger als / genauso weit

Didaktische Information
Die Kommaschreibweise wird eingeführt.
D Die Tabelle kann beim Setzen des Kommas helfen

Entfernungen

① Bist du schon mal mit dem ICE gefahren? Findest du die Strecke auf der Karte?

② Finde zuerst eine Stadt in deiner Nähe. Wie könntest du nach Berlin fahren?

③ a) Wie weit ist es von Hamburg nach Berlin?

b) Wie weit ist es von Köln nach Frankfurt am Main?

c) Wie weit ist es von Hannover nach Bielefeld?

④ Rechne.
a) Wie weit ist es von Stuttgart nach Köln?

b) Wie weit ist es von Frankfurt a. M. nach Leipzig?

c) Wie weit ist es von Kassel nach München?

d) Wie weit ist es von Dortmund nach Berlin?

e) Erfinde eigene Aufgaben.

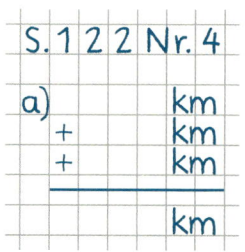

S.122 Nr.4
a)   km
   +   km
   +   km
   ─────
       km

122 **Didaktische Information**
Ablesen von Entfernung aus dem Streckenplan.
Nutzung der schriftlichen Addition.

Sprechen
Wie weit ist es von … nach …?

▶ AH 81–83
▶ D 111/112
▶ KV 110/111

ICE 641 Bahnhof/Haltestelle	Zeit
Düsseldorf Hbf.	ab 14:53
Düsseldorf Flughafen	ab 15:00
Duisburg Hbf.	ab 15:10
Essen Hbf.	ab 15:23
Bochum Hbf.	ab 15:35
Dortmund Hbf.	ab 15:48
Hamm (Westf.)	ab 16:11
Bielefeld Hbf.	ab 16:38
Hannover Hbf.	ab 17:31
Berlin Spandau	ab 18:52
Berlin Hbf.	an 19:07

⑤ a) Wie lange dauert eine Fahrt mit dem ICE von Düsseldorf nach Berlin?

b) Wo hält der Zug?

c) Wie weit ist es mit dem Zug von Düsseldorf nach Berlin?

⑥ Mit dem Auto sind es von Düsseldorf nach Berlin 559 Kilometer. Ein Routenplaner im Internet berechnet eine Fahrzeit von 5 Stunden und 5 Minuten.

a) Womit bist du schneller, mit dem ICE oder mit dem Auto?

b) Wie viel Zeit kannst du einsparen?

c) Überlege. Welche Vorteile hat eine Zugfahrt? Welche Vorteile hat eine Fahrt mit dem Auto?

⑦ a) Suche dir ein eigenes Reiseziel aus.

b) Wie kannst du dieses Reiseziel erreichen?

c) Vergleiche die Fahrzeiten von Bahn und Auto.

Sprechen: Wie lange dauert eine Fahrt?

Didaktische Information
Vergleich verschiedener Reisemöglichkeiten;
Lesen von Fahrplänen;
Zusammenhang Zeit und Entfernung

Das kann ich schon

① Ich kann Schulwege der Länge nach ordnen.

S. 121

 Emira — Mein Schulweg ist 2,4 km lang.

 Timo — Mein Schulweg ist 1,75 km lang.

 Natalia — Mein Schulweg ist 0,8 km lang.

 Janek — Mein Schulweg ist 1 km und 500 Meter lang.

 Momo — Mein Schulweg ist 1800 m lang.

 Lisa — Mein Schulweg ist 850 m lang.

② Ich kann den Schulweg von Timo und Emira vergleichen.

S. 121

| kürzer als | länger als | kürzeste | längste |

③ Ich kann in Kilometer umrechnen und als Kommazahl schreiben.

S. 121

a) 1 km 7 m
   1 km 70 m
   1 km 700 m

b) 24 km 512 m
   24 km 12 m
   24 km 2 m

c) 8 km 302 m
   8 km 32 m
   8 km 2 m

④ Ich kann die Entfernung aus einem Plan ablesen und berechnen.

S. 122/123

Wie weit ist es?

a) von Köln nach Wuppertal
b) von Frankfurt a. M. nach Köln
c) von Erfurt nach Würzburg
d) von Stuttgart nach Saarbrücken
e) von Mainz nach Düsseldorf

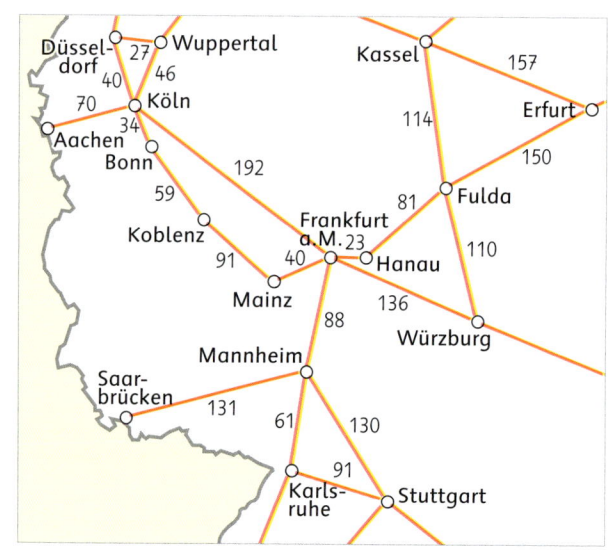

Didaktische Information
Aufgaben zur Selbstüberprüfung und Selbsteinschätzung

Forscherseite

① Wo stehen die Autobahnschilder?

a)
Ulm	106 km
Memmingen	107 km
Stuttgart	200 km

b)
Würzburg	91 km
Ulm	144 km
Nürnberg	152 km

c)
Heilbronn	144 km
Nürnberg	173 km
Würzburg	180 km

d)
München	107 km
Ingolstadt	190 km
Nürnberg	267 km

e)
Erlangen	93 km
Ulm	180 km
München	286 km

f)
Heilbronn	152 km
Ulm	173 km
Stuttgart	202 km

② a) Erfinde ein eigenes Autobahnschild.

b) Tausche dein Schild mit einem Partner.

c) Wo steht das Autobahnschild?

Didaktische Information
Anregungen zum Ausprobieren, Knobeln, Forschen und Entdecken mit Anforderungen, die über die der vorherigen Seiten hinausgehen. D Eigene Aufgaben erfinden und in ein Lerntagebuch eintragen.

Geometrische Körper

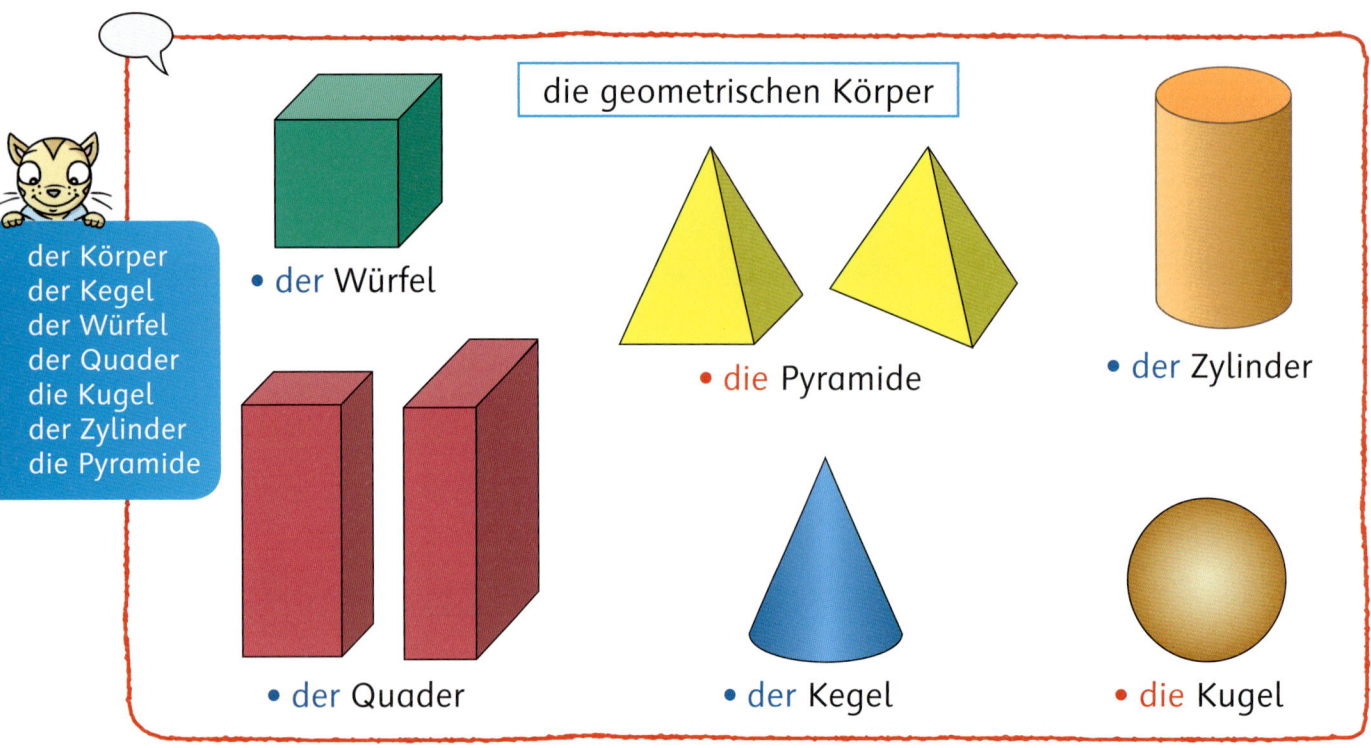

der Körper
der Kegel
der Würfel
der Quader
die Kugel
der Zylinder
die Pyramide

die geometrischen Körper

- der Würfel
- die Pyramide
- der Zylinder
- der Quader
- der Kegel
- die Kugel

① Finde geometrische Körper im Klassenraum.

Der Schrank ist ein ___

Die Kiste ist ein ___

S. 1 2 6 Nr. 1
Der Schrank ist

② a) Was wäre, wenn deine Federtasche eine Kugel wäre?

b) Was wäre, wenn die Räder deines Fahrrades Würfel wären?

c) Was wäre, wenn die Wasserflasche eine Pyramide wäre?

d) Überlegt, warum Konservendosen die Form eines Zylinders haben. Was wäre, wenn die Dose die Form einer Kugel hätte?

③ Begründe.

a) Der Spielwürfel ist kein Würfel, weil ___

b) Das Ei ist keine Kugel, weil ___

c) Der Koffer ist kein Quader, weil ___

Kantenmodelle bauen

das Kantenmodell
die Kante
die Ecke

① Baue ein Kantenmodell

  a) für einen Würfel,

  b) für einen Quader,

  c) für eine Pyramide.

  d) Vergleicht eure Kantenmodelle.
     Welche Kantenmodelle waren einfach zu bauen?
     Überlegt, warum es einfach war.

Materialliste:
- Schere
- Strohhalme
- Knete
- Lineal

② Überprüfe deine Kantenmodelle.

  a) Welche Kanten sind gleich lang?

  b) Welche Kanten sind parallel zueinander?

  c) Hast du rechte Winkel gebaut? Überprüfe mit einem Faltwinkel.

③ Schreibe Steckbriefe für deine Kantenmodelle.

  – Wie viele Kanten hat dein Kantenmodell?

  – Wie lang sind die Kanten?

  – Wie viele Ecken hat dein Kantenmodell?

der Würfel

Der Würfel hat … Kanten.
Die Kanten sind …
Der Würfel hat … Ecken.

▶ AH 85
▶ D 117/118
▶ KV 114

Sprechen
Ich baue ein Kantenmodell.
die Ecken, die Kanten, gleich lang / nicht gleich lang
parallel zueinander
der rechte Winkel

Didaktische Information
Schwerpunkt liegt auf der Anzahl der Ecken und Kanten; Eigenschaften des Körpers als Lernvoraussetzung, um ein Modell zu bauen.

Geometrische Körper untersuchen

Der Würfel hat 6 Flächen.
Der Quader hat auch 6 Flächen.

der Quader
die Kugel
kreisförmig
dreieckig
quadratisch
rechteckig

① Vergleiche die geometrischen Körper.
Finde Gemeinsamkeiten und Unterschiede.

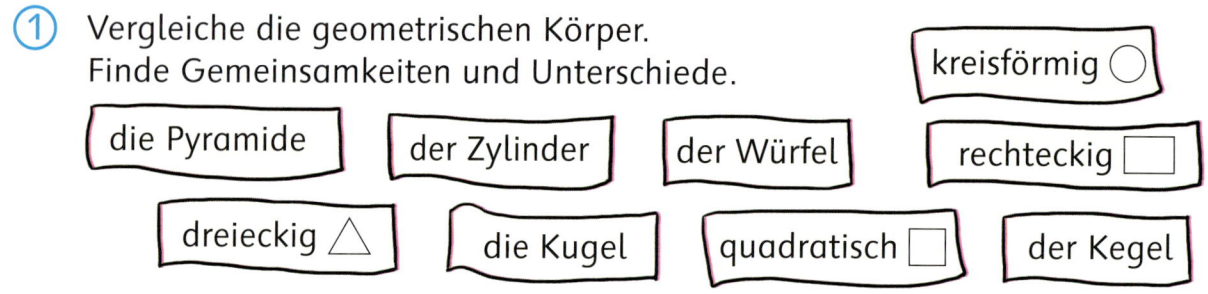

die Pyramide   der Zylinder   der Würfel   kreisförmig ○   rechteckig ▢

dreieckig △   die Kugel   quadratisch ▢   der Kegel

② Schreibe die richtigen Sätze in dein Heft.

Der Zylinder hat zwei kreisförmige Flächen.

Der Kegel hat zwei kreisförmige Flächen.

Die Pyramide hat dreieckige Flächen.

Der Quader hat rechteckige und quadratische Flächen.

Der Körper hat 5 Flächen.

Die Flächen sind quadratisch und dreieckig.

Es ist eine Pyramide.

Didaktische Information
Unterschied: die Ecke/die Spitze im Vergleich von Kegel und Quader herausstellen.

Sprechen
kreisförmig, dreieckig, quadratisch, rechteckig

▶ AH 86/87
▶ D 113–116
▶ KV 112/113

Geometrische Körper zeichnen

das Schrägbild
die Zeichnung
die Kante
die Ansicht
schräg

① Zeichne einen Würfel als Schrägbild.

② Zeichne das Schrägbild.
a)   b)   c)

③ a) Vergleiche deine Schrägbilder mit einem Kantenmodell.
b) Beschreibe, welche Kanten gezeichnet werden.
c) Welche Schritte sind beim Zeichnen wichtig?

④ Zeichne Quader als Schrägbild.
a)   b)   c)

►AH 87
►KV 115

Sprechen
Bedeutung: das Schrägbild
Ich kann nicht alle Kanten sehen.

Didaktische Information
Schwierigkeit der Darstellung von 3D in 2D verdeutlichen; Strategien beim Zeichnen herausstellen.

Verschiedene Ansichten

> Jedes Kind sieht das Würfelgebäude aus einer anderen Ansicht.

von links • von hinten • von rechts • von vorne

die Ansicht
von vorne
von oben
von links
von rechts
von hinten

① Vergleiche die Zeichnungen. Beschreibe die Unterschiede.

② Baue die Würfelgebäude. Zeichne die verschiedenen Ansichten.

von hinten

a)
0	2	0
0	3	0
0	1	0

von links — von rechts

von vorne

b)
2	2	2
1	1	1
0	0	0

c)
3	2	0
2	1	2
0	0	0

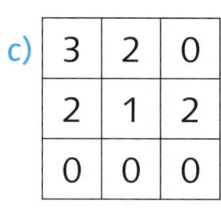

S. 130 Nr. 2
a) von vorne

③ a) Baue zwei eigene Würfelgebäude.

b) Schreibe den Bauplan auf eine Karte.

c) Zeichne die Ansichten auf Karten.

d) Sammelt alle Karten in einer Kartei.

Didaktische Information
Ansicht von oben wird nicht dargestellt.
Bauplan im Gegensatz zur Ansichtsdarstellung.
Klassenkartei kann als Memory oder Quartett genutzt werden

Sprechen
Bedeutung von Ansichten thematisieren.
Ich sehe das Würfelgebäude von vorne, von links, von rechts, von hinten.

► AH 88/89
► D119/120
► KV 116–119

④ Schreibe den Bauplan zu jedem Würfelgebäude.
Zeichne die Ansichten dazu.

a) 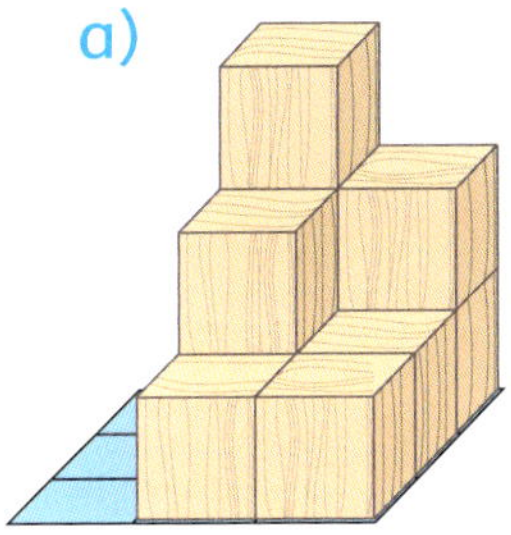   b) 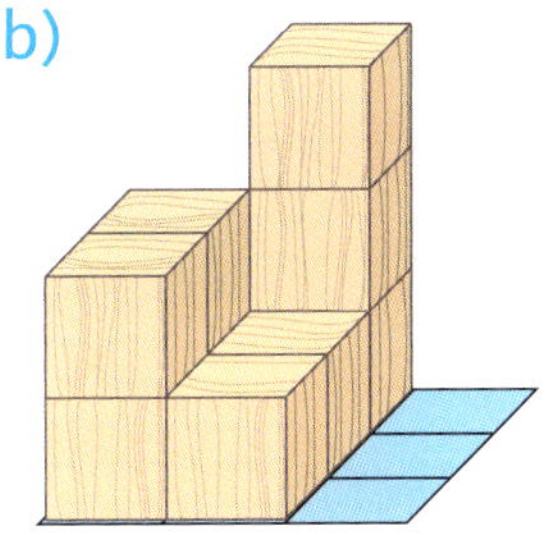   c)

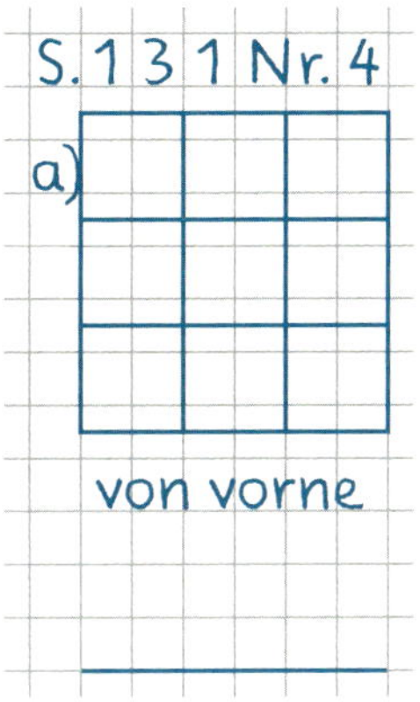

S. 131 Nr. 4
a)
von vorne

von vorne 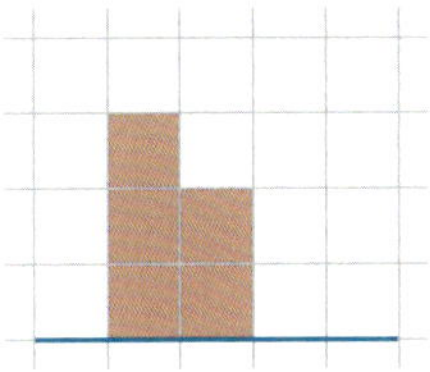   von vorne 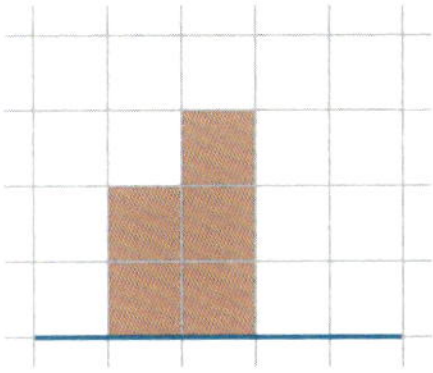   von vorne 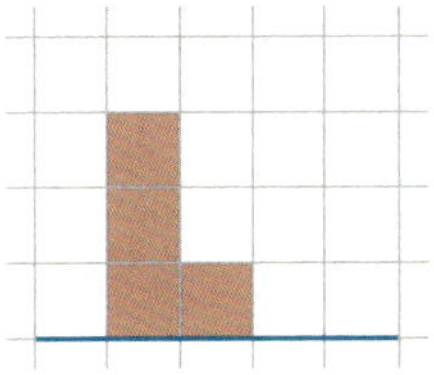   von vorne

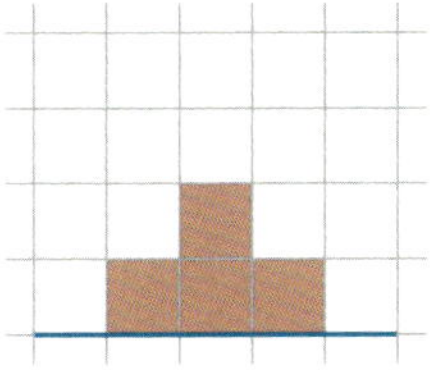

von links 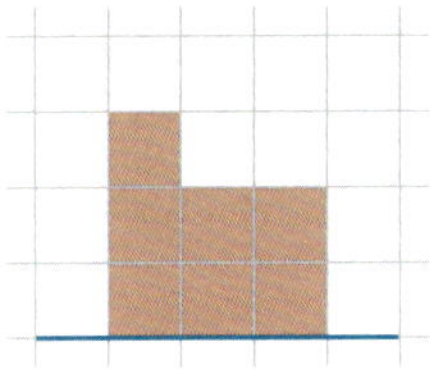   von links 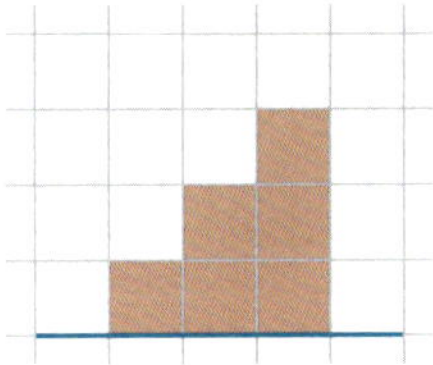   von links 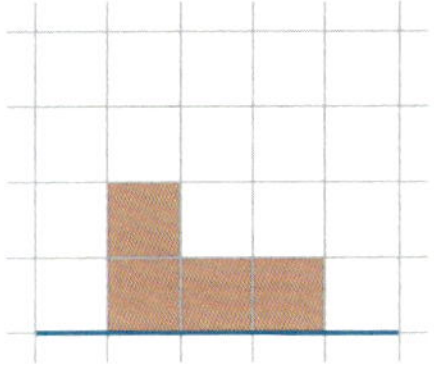   von links

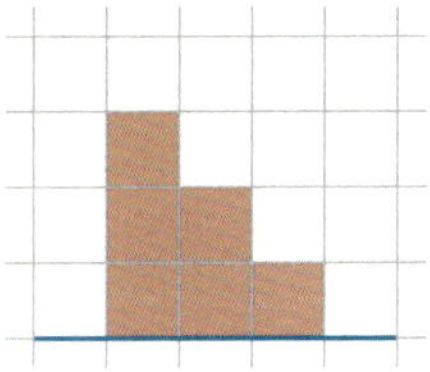

von rechts 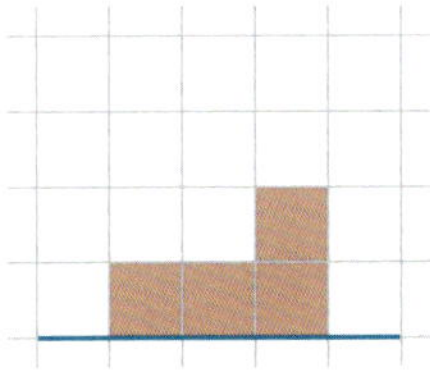   von rechts 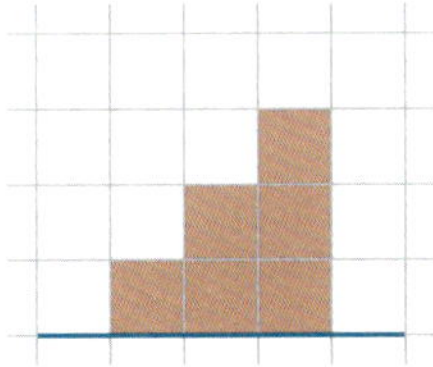   von rechts 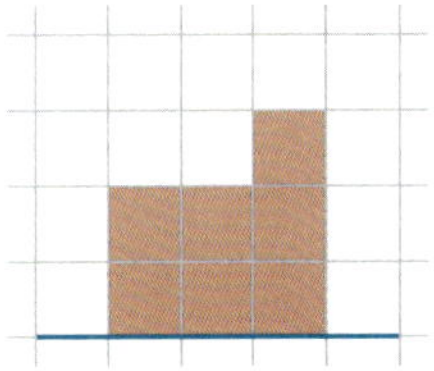   von rechts

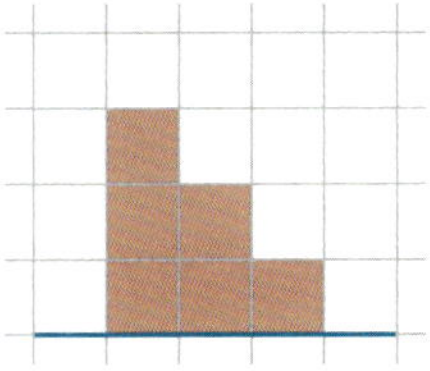

von hinten 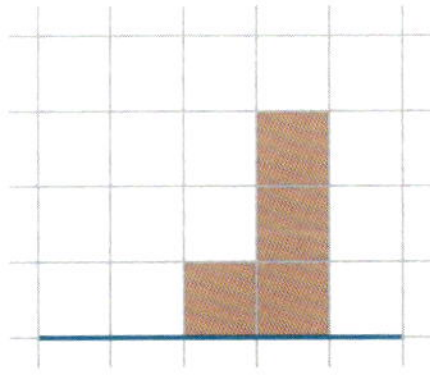   von hinten 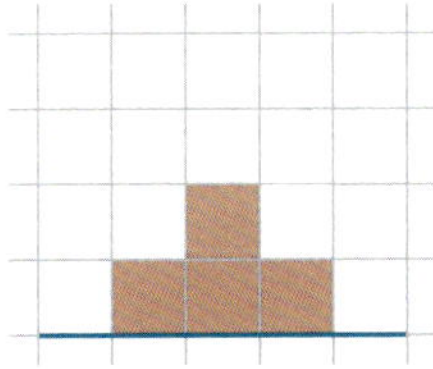   von hinten 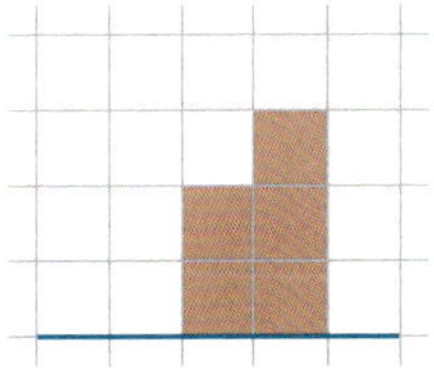   von hinten

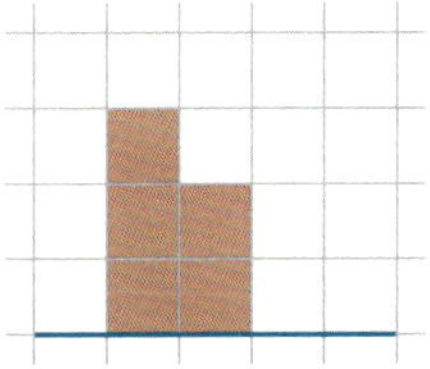

⑤ Vier Ansichten bleiben übrig.
Baue das Würfelgebäude. Überprüfe mit den Ansichten.
Schreibe den Bauplan dazu.

Sprechen
Ich habe zuerst …
Dann habe ich …

Didaktische Information
Aufgabe kopfgeometrisch lösen oder Material bereitstellen.
Strategie beim Lösen der Aufgabe beschreiben lassen.

Das kann ich schon

① Ich kann geometrische Körper benennen.

S.126

a) 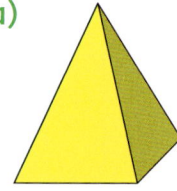   b)    c) 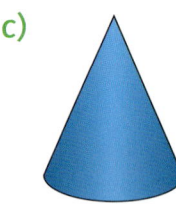   d)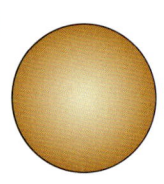

② Ich kann ein Kantenmodell zu einem Würfel bauen.

S.127

③ Ich kann geometrische Körper vergleichen.

S.128

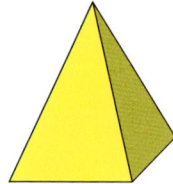   

④ Ich kann zu einem Würfel ein Schrägbild zeichnen.

S.129

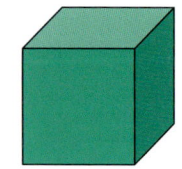

⑤ Ich kann einem Würfelgebäude verschiedene Ansichten zuordnen.

S.130/131

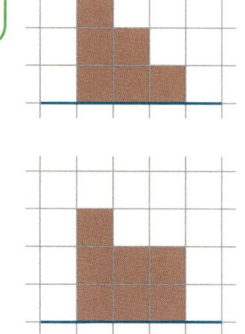   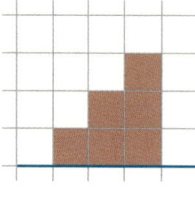

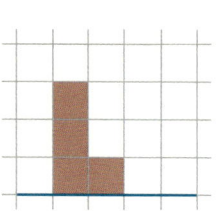   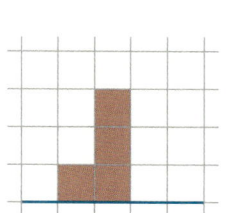   

Didaktische Information
Aufgaben zur Selbstüberprüfung und Selbsteinschätzung

Forscherseite

1 Wie viele Würfel sind im Würfelgebäude?

Die Ansichten von vorne und von rechts zeigen nicht alle Würfel.

von vorne 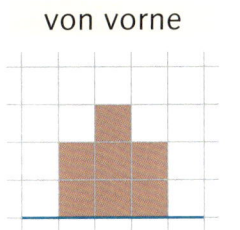   von rechts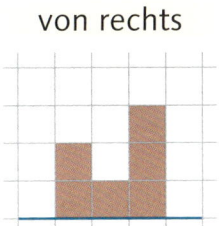

a) Wie viele Würfel muss das Würfelgebäude mindestens haben?
b) Wie viele Würfel kann es höchstens haben?

2 Welches Würfelgebäude passt zu den Ansichten?

von links 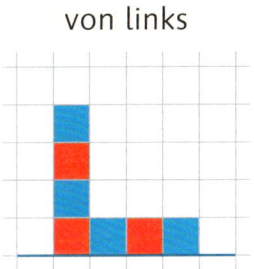   von vorne 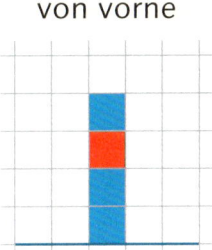   von hinten 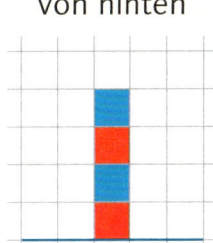   von oben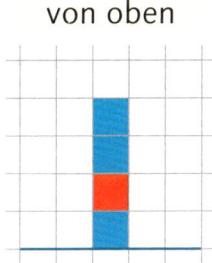

a)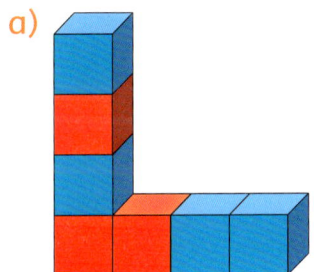

b)

c)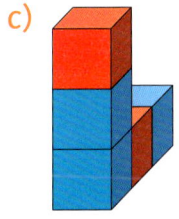

d)

3 Schreibe eigene Rätsel.

Gewichte vergleichen

das Gewicht
leichter als
schwerer als

① Vergleiche die Gegenstände.

schwerer als

leichter als

gleich schwer

② Schreibe die richtigen Sätze auf.

Das Heft ist leichter als die Federtasche.

Der Bleistift ist schwerer als das Buch.

Der Klebestift ist leichter als der Bleistift.

Das Buch ist schwerer als der Klebestift.

③ Suche Gegenstände in der Klasse. Vergleiche sie mit dem Gewicht einer Tafel Schokolade.

S. 134 Nr. 3
Die Schere ist leichter als die Tafel Schokolade.

Wiegen mit der Balkenwaage

Jetzt ist die Waage im Gleichgewicht.

Das Buch wiegt 406 g.

die Balkenwaage
das Gleichgewicht
das Gewicht
der Gewichtsstein
das Gramm
das Kilogramm

Ein Kilogramm hat 1000 Gramm.
1 kg = 1000 g

① Wie schwer sind die Gegenstände?

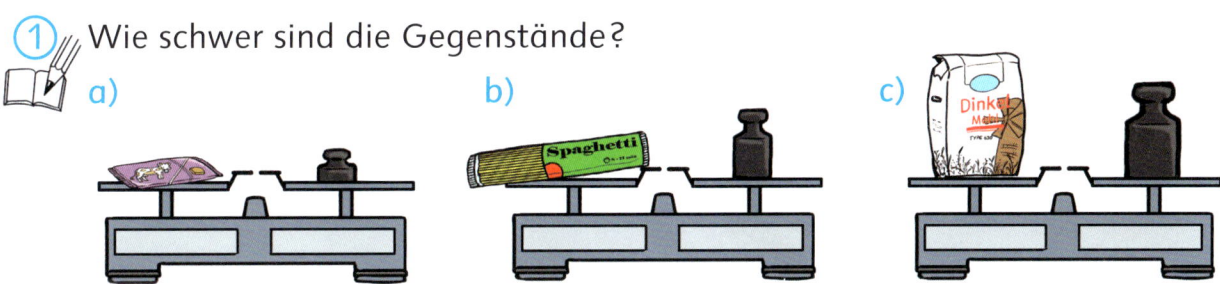

a)   b)   c)

② Suche Gegenstände in der Klasse. Schätze zuerst. Überprüfe dann.

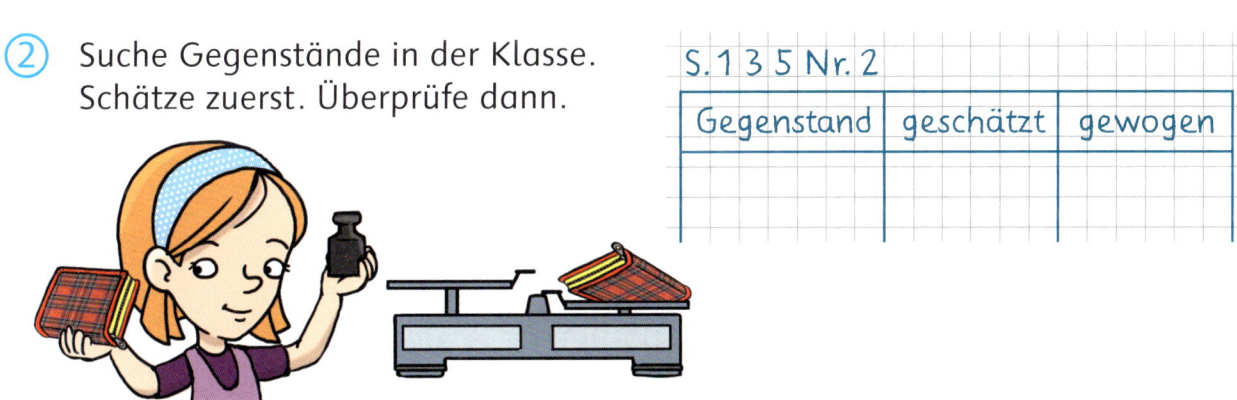

S. 135 Nr. 2

Gegenstand	geschätzt	gewogen

③ Welche Gewichtssteine brauchst du zum Abwiegen?

a) 270 g   b) 625 g   c) 999 g
    730 g   763 g   824 g
    860 g   199 g   337 g

S. 135 Nr. 3
a) 270 g = 200 g + 50 g + 20 g

④ Du hast 752 g mit Gewichtssteinen gelegt. Nimm einen Gewichtsstein wieder weg. Wie viel Gramm hast du jetzt? Finde verschiedene Möglichkeiten.

Schultaschentest

Meine Schultasche wiegt 2,6 kg.

Das sind 2 kg und 600 g.

Wie viel wiegt deine Schultasche?

	1 kg	,	100 g	10 g	1 g	
Mia	2	,	6	0	0	2,6 kg
		,				

das Gewicht
die Waage
wiegen
das Kilogramm
das Gramm

Das Komma trennt Kilogramm und Gramm.

① Ordne die Schultaschen. Beginne mit der leichtesten Schultasche.

- Mia: 2,6 kg
- Emira: 3,1 kg
- Timo: 3,5 kg
- Umut: 2 kg 750 g
- Dilara: 3 kg 50 g

S. 1 3 6 Nr. 1

	1 kg	,	100 g	10 g	1 g	
Mia	2	,	6	0	0	2,6 kg

② Wiege die Schultaschen in deiner Klasse.

a) Schreibe eine Tabelle. Ordne die Ergebnisse. Beginne mit der leichtesten Schultasche.

b) Vergleiche die Ergebnisse. Schreibe 5 Sätze in dein Heft.

die Schultasche von | sind gleich schwer | ist leichter als | ist schwerer als

③ Schreibe in Kilogramm und Gramm.

a) 6,5 kg
   6,055 kg
   6,005 kg

b) 8,1 kg
   0,81 kg
   0,081 kg

c) 7,04 kg
   7,4 kg
   7,004 kg

S. 1 3 6 Nr. 3
a) 6,5 kg = 6 kg 500 g

④ Erkläre die Regel.
Wie findest du heraus, ob deine Schultasche zu schwer ist?

⑤ Wie schwer darf die Schultasche ungefähr sein?

⑥ Überprüfe, ob deine Schultasche zu schwer ist.

a) Wiege zuerst dich und dann deine Schultasche.

b) Schreibe einen passenden Satz in dein Heft.

> Meine Schultasche ist ___ kg zu schwer.

> Meine Schultasche darf höchstens ___ kg wiegen.

> Meine Schultasche ist nicht zu schwer.

c) Wie viele Schultaschen sind in deiner Klasse zu schwer?

d) Wie kannst du bei deiner Schultasche Gewicht einsparen? Sammelt Tipps auf einem Lernplakat.

▶ KV 122

Sprechen
Ich wiege ... kg.
Meine Schultasche wiegt ... kg.

Didaktische Information
Das Körpergewicht wird zum Gewicht der Schultasche in Beziehung gesetzt.

Wiegen mit verschiedenen Waagen

die Briefwaage
die Küchenwaage
die Personenwaage

① a) Mit welcher Waage kannst du wiegen?

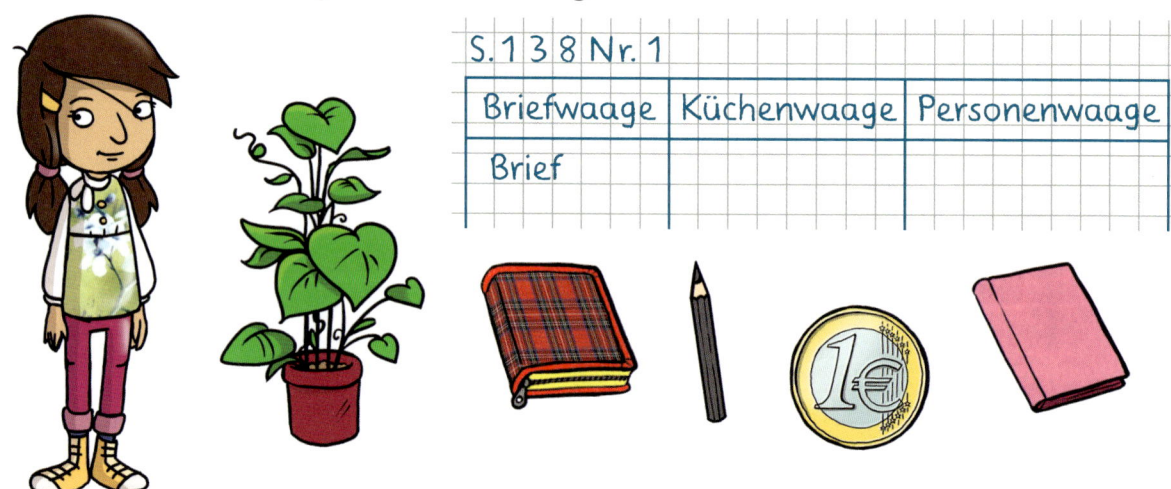

Briefwaage	Küchenwaage	Personenwaage
Brief		

b) Finde weitere Gegenstände.

Ich schätze, das sind 50 g.

Im Zoo

Das Flusspferd

Das Flusspferd lebt in Afrika. Es kann bis zu 3000 kg wiegen. Das sind 3 Tonnen. Ein Flusspferd wiegt bei der Geburt schon ungefähr 35 kg. Bei einem ausgewachsenen Flusspferd wiegt jeder Eckzahn im Unterkiefer fast 4 kg.

Der Leopard

Der Leopard lebt in Afrika und Asien. Ein Leopardenweibchen wiegt zwischen 30 kg und 60 kg. Ein Leopardenmännchen wiegt ungefähr 80 kg. Bei der Geburt wiegt ein Leopard 500 g bis 600 g. Nach drei Monaten wiegt es dann 6 kg bis 8 kg.

① Vergleiche das Flusspferd mit dem Leoparden.
Wie viel wiegen die beiden Tiere bei der Geburt?
Wie viel wiegen die beiden Tiere, wenn sie ausgewachsen sind?

②
a) Wie viel wiegen die Tiere bei der Geburt? Ordne und beginne mit dem leichtesten Tier.

b) Wie viel wiegen die Tiere, wenn sie ausgewachsen sind? Ordne und beginne mit dem leichtesten Tier.

c) Wähle 3 Tiere. Wie viel haben die Tiere seit ihrer Geburt zugenommen? Berechne den Unterschied.

Tier	Geburts-gewicht	Gewicht eines ausgewachsenen Tieres
Gorilla	2000 g	200 kg
Elefant	130 kg	5500 kg
Löwe	1300 g	250 kg
Giraffe	90 kg	900 kg
Eisbär	500 g	650 kg
Pavian	1 kg	25 kg
Känguru	1 g	60 kg

③ Finde Informationen über ein anderes Tier und erstelle einen Steckbrief.
Wie viel wiegt das Tier bei der Geburt?
Wie viel wiegt es, wenn es ausgewachsen ist?

Hier kannst du dich informieren:

Das kann ich schon

① Ich kann Gegenstände mit einer Balkenwaage wiegen.

S. 135

a)    b)    c)

② Ich kann ein Gewicht mit Gewichtssteinen legen.

S. 135

a) 260 g	b) 425 g	c) 423 g
740 g	575 g	542 g
870 g	695 g	777 g

③ Ich kann ein Gewicht als Kommazahl schreiben.

S. 136

a) 2 kg 700 g	b) 3 kg 400 g	c) 5 kg 472 g
7 kg 200 g	3 kg 40 g	472 g
720 g	3 kg 4 g	72 g

④ Ich kann ein Gewicht in Kilogramm und Gramm schreiben.

S. 136

a) 8,5 kg	b) 8,2 kg	c) 0,7 kg
5,8 kg	8,02 kg	0,07 kg
8,58 kg	8,002 kg	0,007 kg

⑤ Ich kann Gegenstände finden, die ein bestimmtes Gewicht haben.

S. 138

| 1 g |
| 10 g |
| 100 g |
| 250 g |
| 500 g |
| 1 kg |

  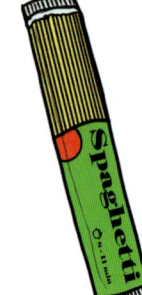   

Forscherseite

① Was ist schwerer, die blaue Kugel oder der blaue Würfel?

  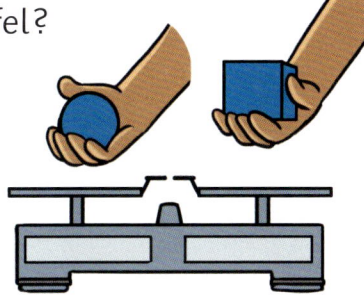

② Ordne die Gegenstände nach dem Gewicht.
Beginne mit dem leichtesten Gegenstand.

a)

b)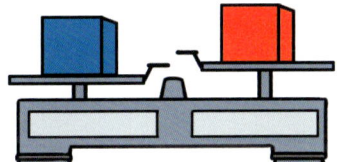

③ Wie viel wiegt eine Kugel?

a) 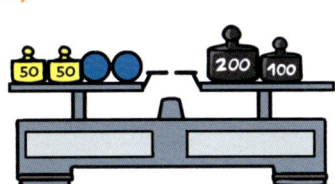   b)    c)

④ Wie viel wiegt die rote Kugel?

 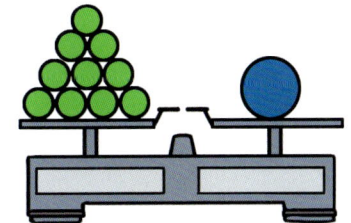 

Basiswissen

S. 18 und S. 19 Tausender, Hunderter, Zehner, Einer

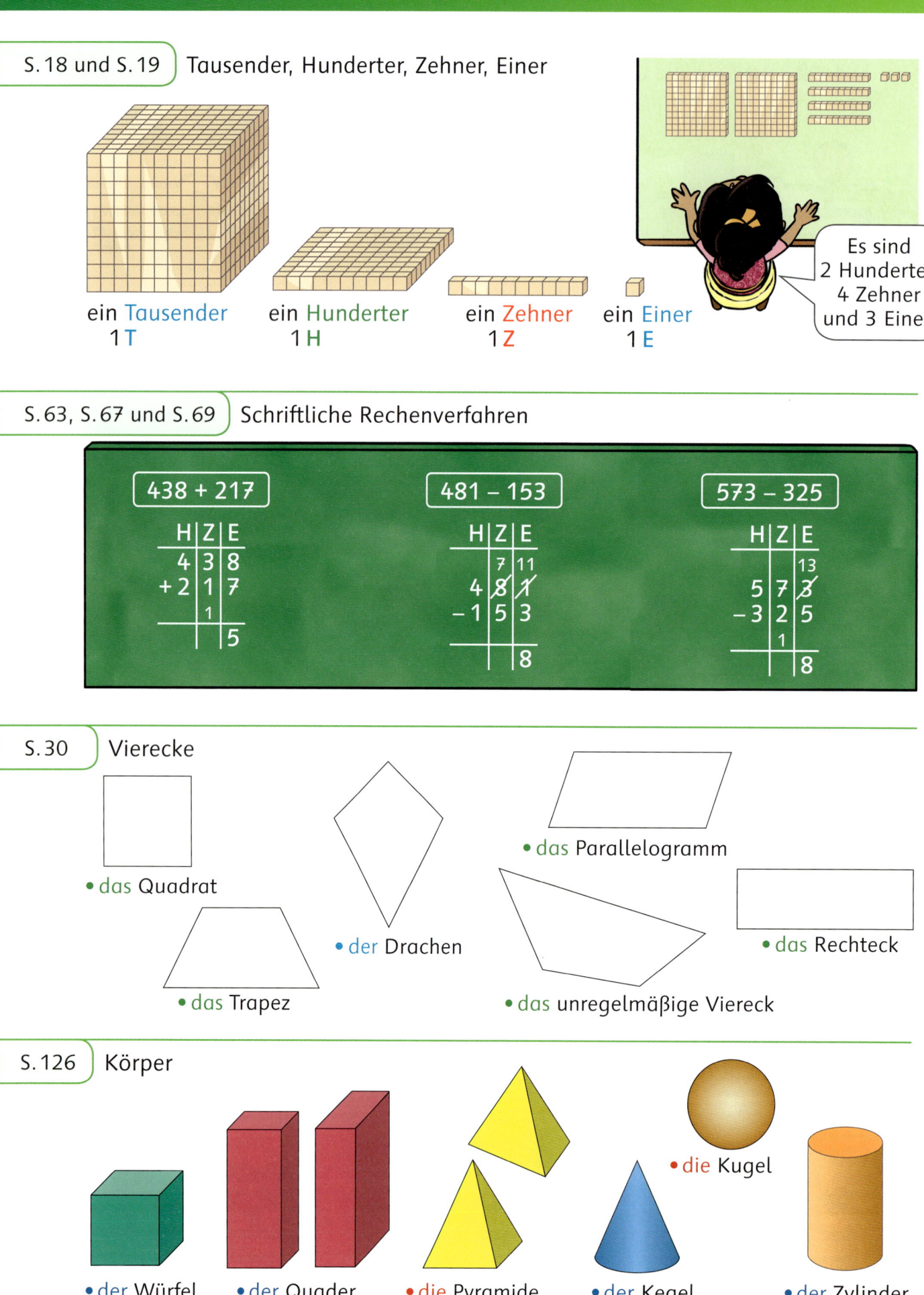

ein Tausender 1T
ein Hunderter 1H
ein Zehner 1Z
ein Einer 1E

Es sind 2 Hunderter, 4 Zehner und 3 Einer.

S. 63, S. 67 und S. 69 Schriftliche Rechenverfahren

S. 30 Vierecke

- das Quadrat
- der Drachen
- das Parallelogramm
- das Rechteck
- das Trapez
- das unregelmäßige Viereck

S. 126 Körper

- der Würfel
- der Quader
- die Pyramide
- der Kegel
- die Kugel
- der Zylinder

Punktrechnung vor Strichrechnung S. 98

Halbschriftlich Multiplizieren und halbschriftlich Dividieren S. 110 und S. 113

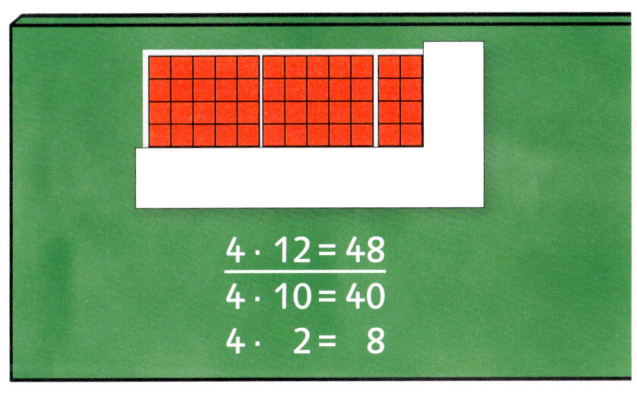

Längen S. 36, S. 37 und S. 120

| Ein Zentimeter hat 10 Millimeter. 1 cm = 10 mm | Ein Meter hat 100 Zentimeter. 1 m = 100 cm | Ein Kilometer hat 1000 Meter. 1 km = 1000 m |

Geld

Das Komma trennt Euro und Cent.
Ein Euro hat 100 Cent.
1 € = 100 ct

Gewichte S. 63 und S. 135, S. 136

	1 kg	,	100 g	10 g	1 g	
Mia	2	,	6	0	0	2,6 kg

Das Komma trennt Kilogramm und Gramm.
Ein Kilogramm hat 1000 Gramm.
1 kg = 1000 g

Mathematik
3
Schülerbuch

Erarbeitet von
Ümmü Demirel, Astrid Deseniss, Claudia Drews, Christina Hohenstein, Christian Grulich, Anne Schachner, Susanne Ullrich, Christine Winter und der Cornelsen Redaktion Primarstufe

Beratung
Yurdakul Çakır, Lilo Verboom

Begutachtet von
Barbara Busch, Dietzenbach; Eva Skrypnik, Lörrach; Dominic Smeets, Ludwigshafen

Redaktion
Mario Hanschmann-Neubert und Claudia Thomas

Illustration
Doris Umschaden
Christine Wächter S. 17–19, 42, 44, 70/71, 74, 75, 86 unten, 87 Mitte, S. 108/109, Kartonbeilagen (Holzmaterial), S. 126–133 (Körper und Würfelbauten), Geld (Münzen und Scheine)
Peter Kast S. 122, 124, 124 (Karten)

Layoutkonzept und Umschlaggestaltung
Katharina Wolff-Steininger und Rosendahl Berlin

Layout und technische Umsetzung
Checkplot Anker & Röhr

www.cornelsen.de

1. Auflage, 5. Druck 2020

© 2013 Cornelsen Schulverlag GmbH, Berlin
© 2018 Cornelsen Verlag GmbH, Berlin

Das Werk und seine Teile sind urheberrechtlich geschützt.
Jede Nutzung in anderen als den gesetzlich zugelassenen Fällen bedarf der vorherigen schriftlichen Einwilligung des Verlages.
Hinweis zu §§ 60a, 60b UrhG: Weder das Werk noch seine Teile dürfen ohne eine solche Einwilligung an Schulen oder in Unterrichts- und Lehrmedien (§ 60b Abs. 3 UrhG) vervielfältigt, insbesondere kopiert oder eingescannt, verbreitet oder in ein Netzwerk eingestellt oder sonst öffentlich zugänglich gemacht oder wiedergegeben werden.
Dies gilt auch für Intranets von Schulen.

Druck: AZ Druck und Datentechnik GmbH, Kempten

ISBN 978-3-06-082042-9 (Schülerbuch)
ISBN 978-3-06-084155-4 (E-Book)

PEFC zertifiziert
Dieses Produkt stammt aus nachhaltig bewirtschafteten Wäldern und kontrollierten Quellen.
www.pefc.de
PEFC/04-31-2260